我在**托斯卡尼尼**指导下歌唱

[意]朱赛佩·瓦尔登戈/著

陈复君/译

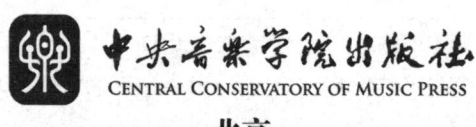

中央音乐学院出版社
CENTRAL CONSERVATORY OF MUSIC PRESS

·北京·

图书在版编目（CIP）数据

我在托斯卡尼尼指导下歌唱/（意）瓦尔登戈著；陈复君译. —北京：中央音乐学院出版社，2005.2（2025.4 重印）
ISBN 978-7-81096-085-4

Ⅰ.我... Ⅱ.①瓦...②陈... Ⅲ.瓦尔登戈—回忆录 Ⅳ.K835.465.76

中国版本图书馆 CIP 数据核字（2005）第 003510 号

我在托斯卡尼尼指导下歌唱 〔意〕朱塞佩·瓦尔登戈著
陈复君译

出版发行：中央音乐学院出版社
经　　销：新华书店
开　　本：A5　印张：5.5
印　　刷：三河市金兆印刷装订有限公司
版　　次：2005 年 2 月第 1 版　印次：2025 年 4 月第 2 次印刷
书　　号：ISBN 978-7-81096-085-4
定　　价：58.00 元

中央音乐学院出版社　北京市鲍家街 43 号　邮编：100031
发行部：010-66418248　　　　　　　　传真：010-66415711

目　录

作者介绍　/　I
第一版序——致读者　/　III

第一章　"你为什么这样看着我?"　/　1
第二章　从《奥赛罗》开始　/　9
第三章　疾风暴雨般的排练　/　25
第四章　"亲爱的，你太让我高兴了!"　/　41
第五章　电视《阿伊达》　/　53
第六章　法尔斯塔夫——胖子和酒鬼　/　71
第七章　他永不满意　/　87
第八章　绝对杰作　/　99
第九章　最后的愿望　/　109
第十章　点滴回忆　/　119
附　录　/　136
译后语　/　167

作者介绍

朱塞佩·瓦尔登戈（Guiseppe Valdengo），出生于 1914 年 5 月 24 日，毕业于都灵音乐学院双簧管及英国管专业。根据该院院长的建议，他开始学习声乐。1937 年在阿列克桑德里歌剧院首次登台演唱了《蝴蝶夫人》中的领事夏普勒斯。不久即在波隆歌剧院演唱了《波西米亚人》中的马采洛，从此他在意大利的许多歌剧院演唱，其中包括斯卡拉剧院。

1946 年，瓦尔登戈应邀到纽约"城市中心（city–centre）"剧院演出，后来在美国的许多歌剧院演唱。这时正逢托斯卡尼尼在纽约物色威尔第歌剧《奥赛罗》的演员。指挥家首先注意的是男中音，因为他认为雅戈是该剧的主要人物。

托斯卡尼尼试听了许多歌者，其中不乏著名的歌唱家，也有默默无闻的演员。听了瓦尔登戈之后，指挥选中了他。

1947—1954 年，歌唱家在伟大的大师托斯卡尼尼的指导下演唱了威尔第三部歌剧中的角色：《奥赛罗》中的雅戈、《阿伊达》中的阿莫纳斯罗和《法尔斯塔夫》中的同名主角。在托斯卡尼尼的指挥下演唱歌剧，等于打开了通向世界各歌剧院的大门。从 1947 年起，瓦尔登戈在"大都会"演唱了《丑角》中的托尼奥及其他许多男中音的重要角色，随后在许多国家演唱。晚年从事教学工作。

此书是歌唱家根据他在 6 年的过程中，以在托斯卡尼尼指导下工作时的笔记为基础整理而成的回忆录。书中谈到他和托斯卡

I

尼尼的初次见面，三部歌剧的排练，他与大师的谈话，大师的建议和提示，大师对艺术的见解，对作曲家及表演者的看法，回忆等等。这本书弥足珍贵的是，指挥家托斯卡尼尼本人没有留下一本书，一篇文章，一份教材。

第一版序——致读者

在把这本对阿尔图罗·托斯卡尼尼的粗略回忆录奉献给读者审判之前，我曾长时间地犹疑。我知道应该有比我更高明的手笔来准确、充分地描绘指挥家的肖像，描述他终身追求完美的痛苦探索。战胜我的所有疑虑的，是一种要把珍贵的遗产转达给歌唱这一美妙艺术的服务者的愿望（我知道这种愿望是合理的、必要的）。这一遗产是由大师的建议和提示组成，这是在长期过程中，当我们在一起作业时，他如此慷慨地传送给我的，他赐给了我自己的友谊。

在我记录的伟大指挥家的忠告中，当代的青年歌唱家和未来的歌唱家会找到有助于实现自己理想的珍贵的东西。

此外我还想使人们正确地了解大师的形象，消除把他看做是一位难以接近的、偏执的、近乎无情的不公正传闻。

他是断然的、严厉的，那只是在排练的时候。为了达到完美有时排练延续的时间很长。可悲的是有人表现出不满，有人心不在焉，有人发牢骚说太累，有人注意力不集中，没有精神，这时大师暴跳如雷，狠狠地呵斥起来，对那些不想完成自己责任的人提出尖锐批评。因为他那敏锐的艺术感觉受到了玷污，他要求毫无保留地奉献给艺术，他有权要求乐队乐手、歌唱家和合唱队员。

然而当指挥家离开了排练厅，他立刻忘记了所有的抱怨，成为一位极其友善、真挚、充满人情味的人，他甚至会为在排练时所发生的一切感到些许不安。

　　这就是托斯卡尼尼的真实性格，他的真正心灵。我有幸长时间在他近旁，我能够证实，的确是这样，在家庭圈子内外均如此。所有真正了解他的人，都会这样肯定。

瓦尔登戈
1962 年 5 月 24 日

第一章 "你为什么这样看着我?"

从我在音乐学院上课一开始,我的双簧管和英国管老师普里莫·诺里就以极大的热情对我谈到过托斯卡尼尼。只要一提到托斯卡尼尼的名字,他就激动起来,充满激情地回忆他一生中的各种事情。

我那时几乎还是个孩子,还不能理解这样激动的原因,但在我的意识中已牢固地记住了:托斯卡尼尼——这是某个崇高的人物,他是不同寻常的,我甚至要说,几乎是超乎寻常的!

诺里说:"当我和他一起演奏时,他总是对我说:在你吹奏时,你要唱!① 于是我盲从地跟随他,把自己的全部感情都投入到乐器中,像我整个人一样,由于深邃的感情而跳跃起来……而我感到这时候已经不是我在演奏,而是托斯卡尼尼本人。对我来说,这简直是难以置信的奇迹。"

诺里继续说:"要知道这就是说托斯卡尼尼造就了佩尔蒂莱(Pertile,Aureliano,1885-1952,意大利男高音歌唱家),创造了达尔·蒙特(Dal Monte,Toti,1893-1975,意大利女高音歌唱家);他'塑造'了斯塔比莱(Stabile,Mariano,1888-1968,意大利男中音歌唱家),使他成为伟大的法尔斯塔夫。我和他合作了很多年,你要相信,所有在他身边待过的人,永远都不会忘

---

① "你演奏时,要唱!"这是大师经常对乐手们讲的话,为的是要使他们更多地把心灵和色彩注入到他们的乐器的音响中去。大师在指挥时自己也经常唱,如果你仔细听托斯卡尼尼的唱片,你可能捕捉到他暗哑的歌声。

记这奇妙的时刻,仿佛他分泌出某种特殊的精神流质渗入你的心脾。他迫使乐队活跃起来,把它牢牢握在掌心;在他粗暴无礼、刚毅坚强的外表下,他是一个极其善良的人。"

不难想象,随着时间的推移,我产生了越来越强烈的挥之不去的愿望,要结识托斯卡尼尼,要和他交谈,听他的表演。不论付出什么代价,只要能见到他,那个被赐予再造音乐美、具有神奇天赋的人,——他善于使任何音乐,即使是最没有意思的音乐,使任何一部作品变得丰富多彩,变得高雅;每一个段落在他的指挥棒下真正以崭新的样式出现,获得新的面貌!遗憾的是,在发生了众所周知的波隆的事变之后,托斯卡尼尼不得不离开了意大利。由于指挥家不向法西斯党的政治妥协而受到压制和控告,从而造成悲惨结局。

好运把我带到了美国,正好是大师在那儿找到了避难所的城市——纽约,我在那里和"城市中心"剧院有签约。

事情是这样发生的。战争结束一年以后我又开始唱歌,在意大利的各个城市,从一个剧院到另一个剧院。一次,我米兰的老师里图伊诺·波那尔第告诉我,艾托里·威尔纳大师从美国来招聘歌唱演员,他建议我去应聘。1946年7月14日,我在威尔纳面前唱了古诺的歌剧《浮士德》中的咏叹调"Dio possente, dio d'amor"(万能的上帝,爱之神)。在我唱完之后,他说:"你有一副在美国很受喜爱的嗓子。"他立刻和我签约去纽约的"城市中心"剧院。于是,1946年8月24日我与妻子一起乘船离开热亚那,9月3日到达纽约,威尔纳大师在那儿等着我们。

在这个城市的戏剧圈子里,我有一些熟人和朋友:费鲁丘·塔里亚维尼(Tagliavini, Ferrucio, 1913 - ?)、吉诺·贝基(Beghi, Gino, 1913 - 1993)和歌唱教师沙尔·里金格,后者作为美军指挥部的代表曾长期住在意大利,他曾在摩得纳听我唱过《塞维利亚的理发师》中的费加罗。回到美国之后,他成为男中音德·鲁卡（de Luca, Giuseppe, 1876－1950）的秘书，他曾在1946年1月7日的《歌剧新闻》中撰文赞扬了我和塔里亚维尼、贝基。

这个时候正好托斯卡尼尼在 NBC 举办一系列音乐会。一次，我从广播里听到由女高音丽琪亚·阿尔巴内西（Albanesi, Licia, 1913－?）、男高音詹·皮尔斯和男中音罗伯特·梅里尔（Merill, Robert, 1917）参加演唱的《茶花女》。指挥是阿尔图罗·托斯卡尼尼。我从广播里听到歌剧，这使我很震惊，这是多么奇妙啊！速度，最困难的句子——所有一切表现得完美无缺，清晰，和谐。没有任何东西掠过细心的听众，甚至最细微的色彩变化。特别使我震惊的是一般被视为平淡无奇的第二幕结尾赌牌的一场。这次值得纪念的播送在美国听众之中引起轰动。众人一致承认，托斯卡尼尼前所未有地、非常准确地揭示了威尔第的音乐，他使速度更加灵活，赋予音色特别的音响力度，使每一个最短的乐句都光彩夺目。

初次见面

我常常想起诺里教授和他关于托斯卡尼尼的谈话，而现在，我来到这个城市，当指挥家在这里的演出获得巨大成功，聆听到由他指挥的音乐会，读到众口一致赞美他无与伦比的艺术的报刊文章时，我想结识他，和他交谈的愿望越来越强烈……我完全没想到，我久远的梦想就要实现了，很快我将开始和他一起准备《奥赛罗》、《阿伊达》和《法尔斯塔夫》，并将在他具有魔力的指挥棒下演唱！

这幸运而意想不到的事情是这样发生的。"城市中心"的演出季刚刚结束，我以极大的成功演唱了几乎所有自己的剧目。我和妻子正在新泽西的家中，突然我的经纪人米克尔·德·帕切电话通知我，说托斯卡尼尼想听听我唱《奥赛罗》，为此，他委托一个叫特鲁科的先生和我一起准备雅戈这个角色。十分凑巧的是，我的妻子娜涅塔曾经和这位特鲁科先生的父亲学过钢琴，他是一位著名的作曲家，托斯卡尼尼的朋友，他创作的《管弦乐组曲》曾由托斯卡尼尼本人指挥，1896年5月在斯卡拉演出。

我去到维克多·特鲁科大师位于纽约的家中，用三节课时串了一遍雅戈声部，他对我提了不少好建议，要知道，实际上我是第一次接触这部歌剧，如果不算我的音乐会曲目——著名的《credo》（信经），我以前从未碰过它。

1947年7月7日，特鲁科大师通知我，托斯卡尼尼第二天要在NBC的"8H"工作室听我唱。他说大师是位非常善良的人，你有这样漂亮的嗓子，完全用不着害怕，可以放松地唱。但是在内心深处，我还是害怕我经受不住考验，以致托斯卡尼尼不选择我演唱这部伟大的歌剧。

7月8日，我和妻子一起去到NBC。这是闷热的一天，只有那些领略过纽约酷暑的人才能理解我。每当我试听时，娜涅塔总是陪伴着我，她的陪伴永远是对我最大的支持。而这一次我比任何时候都更需要她，因为我要去见的是托斯卡尼尼。据我耳闻，这是一位很难相处的人，关于他和歌唱演员及乐手们交往的谈论，听来不禁令人不寒而栗！后来，在我和他相识并建立友谊之后，我可以肯定地说，完全不是那么一回事。

NBC坐落在纽约市中心的第50街，在一座巨大的摩天大楼里，与洛克菲勒中心比邻，那时托斯卡尼尼的工作室也在那里。

喧嚣嘈杂的车水马龙，令人窒息的热浪，对于我的演艺生涯、我的希望来说可能具有决定意义的眼前无法逃避的试听，我如此向往的理想终于就要实现这一事实……我如履薄冰，当这一切必将发生的那一刻，由于忐忑不安，我甚至想打退堂鼓，——所有这一切已使我晕头转向。

我和娜涅塔来到 NBC 大楼的第 8 层，我问服务员大师在哪个房间，在得知我是谁之后，他把我带到著名的"8H"工作室。

这是一个椭圆型的工作室，带有回廊和宽敞的池座。它按照所有的艺术规律结构，有录音所需要的最完善的技术设备。乐队好像放在一个大贝壳里，比地面稍高一些。

当我走进工作室时，只有舞台上有灯光，其它地方都在昏暗中。特鲁科叫我，我的眼睛渐渐适应了黑暗，我看见了坐在椅子上的托斯卡尼尼，他听到我的名字以后站了起来，走到我的面前。

我记得他对某个人说："不能把灯开大些吗？"

我终于看见了我只是在照片上见过的这个人。我要说，我现在见到的正是我想象的那样。他走到我面前，问我曾在哪儿学习。

我说不出话来——某种莫名的东西使我的舌头僵硬，这时我只能瞪着眼睛看着他。大师看出我的窘迫，问我："你为什么这样看着我？"

漂亮的嗓音

终于我能说话了。"大师，从我 9 岁开始学音乐起，就经常听人谈到您，我知道您，虽然我从未见到过您，但我非常想和您说说话，现在幸福降临到我头上，这伟大的时刻到来了。"

我记得，那时我还对他讲了很多其它很幼稚的东西，当然完全不是什么阿谀奉承的话，只不过是直接表达了我真挚的喜悦心情，而他理解了我。他以那么和蔼的微笑看着我，这种微笑我有幸后来看到很多次。

大师问我唱过《奥赛罗》吗？我回答说还没敢打开这部总谱。

他很感兴趣地问我是否哪怕浏览过我的角色，我说特鲁科大师为我作了准备。特鲁科肯定地说我知道我的角色。在我开始唱之前，我先用双簧管和英国管吹奏了一遍。听到这里，大师高兴了："原来是这样！你会吹双簧管！这就是说你应该很好地掌握了呼吸，因为唱歌时的呼吸和吹双簧管时是一样的，只不过我们希望你不要像我所知道的所有双簧管手那样疯狂。"他接着说："来吧，让我们听听你唱得怎么样。"

我站到放有钢琴的台上，特鲁科弹了前奏，我开始唱。在唱宣叙调的前一句"Roderigo ebben che pensi"（罗德里戈，你在想什么），"Stolto é chi s'affoga per amor di donna"（那些为女人而自杀的人是傻瓜）时，我听见大师在对什么人说：漂亮嗓音，经典风格。

对于增强我以前没有感受到的力量，这几句话已经足够了。它仿佛给我注入了勇气，我甚至想说，注入了勇敢。我感到我的心跳又回复到正常的频率，我安定下来了，我的声音变得更明亮，更有力，更有光彩……我唱了《Brindisi》（饮酒歌），我注入了我的全部心灵，我也同样唱了全部雅戈。

我按照自己的想法唱了，诠释了。特鲁科大师的三节课，正如在剧院中常说的，只不过是把我刚刚带入了角色，我感到这很不够。但在那一刻我仍然感到很幸福！大师说：漂亮的嗓音，——仅这一句就够幸福的了！现在大师选不选中我对我来说都不重要了，我幸运我能为他而唱！当我唱完最后一句"Ecco il leone"（这是一头雄狮），托斯卡尼尼站了起来说道：谢谢，但是劳驾把"Sogno"（梦）再唱一遍，只是你要先听听我怎么做。

我注视着大师的嘴唇，要弄明白，我理解得是否正确，在唱这一片断时他要求我的到底是什么。我记得大师在唱整个"梦"时紧闭着双眼，自己边弹边唱，在聚光灯的照耀下，我感到他仿佛是某种超凡的生灵。

我明白了，大师要确认，我是否能重复他想听到的那种样式，把他想听到的那种表现力融入歌唱中。我唱了，把我所感受到的，我能作到的一切一切都融入到表演中。我看着他的嘴唇，因为在我唱的时候,他在给我提词。当我唱完以后他说:"对,对,你领会了,敏锐地感觉到了。但是,你是否看到,你现在表现的一点也不像雅戈!雅戈——这完全是另一种形象!"

他让我从头再来,提出建议,很多建议,提出很多以前没有任何人说过的新东西。现在我以为我已经明白大师想要的是什么:人物应当是生动的,有激情的,而歌唱却不要脱离形象,它应当有助于创造歌剧情节所要求的、它的创作者所感受的东西。

大师让我重复"Desdemona soave il nostro amor s'asconda"(亲爱的黛丝德蒙娜,我们的爱情蕴藏着)这一句。我努力做到他所要求的一切,虽然我感到我能作到的很少,但我仍然以为他是满意的。

突然他说:"乔,我亲爱的!"——他快步走下舞台,在人们的伴随下消失了。

我独自留在那里,不知道在想什么,我感到这一切仿佛都在梦中,我听见服务员用英语说:"对不起,我要关灯了。"——他把我带回到现实中。

巨大的希望

娜涅塔在走廊上等着我,我们坐在椅子上,我深深地叹了口气,好像我必须再唱。随后我放松下来,我看了看《奥赛罗》的谱子,转身向着娜涅塔,她不安地问我:"怎么样?"

"我很幸福,我认识了伟大的托斯卡尼尼。他和我自从第一次听到他以后我所想象的完全一样。他带着我唱了一遍雅戈,我听见他说:漂亮的嗓音,经典的风格。我唱的时候,他亲自为我伴奏,我以为他没有对我失望。娜涅塔,你要相信,和这样伟大的人物一起唱我还太年轻,因为我知道,他要求歌唱者的很多。但我仍然是幸福的,我唱了,即使他不邀请我唱这部歌剧,这并不重要。"

当天晚上我们来到辛辛那提,来到"阿尔姆斯"酒店,进到前厅,我看到几位歌手。我听到我的一位意大利同行的声音:昨天我到托斯卡尼尼那儿去参加试听了,他选中我在 NBC 唱《奥赛罗》。

我的男中音同行把这句话说得声音很大,为的是让我能清晰地听见……

我转过身对妻子——当然她也完全听见了——说:"娜涅塔,你明白我说的对吧,我说过托斯卡尼尼不会选择我,但我仍然感到幸福,他选了一个意大利人,现在可以安心了。"

我在辛辛那提逗留了六天,演唱了《浮士德》和《卡门》,然后回到纽约。我记得,大师的形象一直伴随着我——我看见他在乐池中手握指挥棒,我仿佛听见了他的声音……

在回到里奇菲尔德后,一个巨大的惊喜在等待着我:我纽约的经纪人在电报中通知,托斯卡尼尼 7 月 16 日星期三在他的利维尔德里的家中等我。

这是 1947 年 7 月 14 日,佳音到来的日子正好是我母亲的生日,这是成功的预兆。家里准备了一个盛大的家庭聚会,因为大家都相信,托斯卡尼尼一定会选我唱《奥赛罗》中的雅戈。这件事是如此地诱人,使我不敢相信……我想,也许托斯卡尼尼真地选中了我?但是后来我又想起了我的同行在辛辛那提说的话,我又想,不值得为此失望。

第二章 从《奥赛罗》开始

7月16日星期三10点整我已站在位于利维尔德里的别墅入口处,它坐落在纽约的居民区,在哈德逊河岸僻静的绿荫地带。

仆役把我带到宽敞的镶嵌着木板的客厅,它令人想起横渡大西洋豪华油轮的大厅。在客厅的上部有柱型栏杆,从那里往下是宽敞的木质楼梯。我听见上面有人在吹口哨,仿佛是在叫我,我向那儿看去,——大师正倚着栏杆……"怎么样,倒蛋鬼,想工作了吗?"他问我,"等一等,我就下来。"

一眨眼的功夫,他已站在我的面前。

"你住在哪儿?"——他握着我的手问道。

"在新泽西,"我回答。"我的妻子在那里有套房子。"

"她是美国人?"

"不,意大利人。她很小就和家人一起来到美国,在这里受的教育。"

"我明白,你到这里来很不方便,太远了。我们这样办吧,一天在这里工作,一天在纽约,在NBC。"

我们来到书房,在钢琴上极华美的镜框里是带有题词的威尔第的照片。为了打开琴盖,大师不得不把其中的一张挪开。我记得他十分小心地捧着它,像宗教般虔诚地捧着圣品,就像做礼拜时神父捧着《圣经》。大师拿起《奥赛罗》的钢琴谱,说:"这本谱子是我在斯卡拉和塔马尼奥(Tamagno fransesco, 1850 – 1905,意大利男高音歌唱家)第一次演出歌剧后威尔第本人送给我的。那是塔马尼奥最后一年在斯卡拉演唱歌剧。"他弹了前奏，然后说："我们来试试第一段宣叙调。你要知道，威尔第在整部歌剧中都保持有宣叙调。"

大师自己唱了合唱部分"Si calmi la bufera"，我接着唱"Roderigo ebben che pensi"。

现在我已经想不起大师让我把这一段宣叙调唱了多少遍！他为我唱每一句，对我解释与表现力有关的意义，不论是 piano 还是 forte，大调还是小调。

大师告诉我任何时候都不要轻视字词，它——特别是在《奥赛罗》中——和音乐一样重要。每次当我们开始 da capo 时，大师对我的要求越来越多，他要求我竭尽全力达到完善。

我仿佛来到一个非同寻常的境界，我努力做到尽我所能以使大师满意。

"工作时应当有尽可能多的愿望，要注意八分音符和十六分音符，但不要像唱视唱（Solfeggio）一样；如果像它写的那样表达音乐，那么它什么也表现不出来。任何时候也不要轻视弱速度，相反要更重视它；强速度本身已经够强了，自然也就不需要加强它，而弱速度相反应当加强。"

我记得，大师想听我用 piano 唱"Ed io rimango di Sua moresca, l'alfiere"（我是陛下的臣仆）这一句。这个"ed io"是 D，他想用 piano，这里表现的是一种恶意，仿佛从牙缝里挤出来的一样。我多少次重复了这个开头，要不拖延、要准确、快速，就像用舌头顶住双簧管的嘴子一样。在 alfiere 这个字上的颤音我们也练了很久，大师要求这儿是真正的颤音，但同时是"拙劣的"、"随意的"。

关于这一点，朱塞佩·安东尼切里曾对我说：有一次当我在纽约大都会歌剧院演唱《奥赛罗》时，我唱了那个著名的颤音，这是在按照托斯卡尼尼的要求经过长时间的努力才学会的。这时一个显赫人物在包厢里大声喊道："多么遗憾！这位年轻的男中音有这么漂亮的嗓子，但是这个音他每次都唱得糟透了！"

和大师的第一次练习持续了几个小时。托斯卡尼尼一直坐在钢琴前，我站在钢琴旁边，把他对我说的一切都记在谱子上。

为友谊干杯

两点半钟时，卡尔拉·托斯卡尼尼夫人进来对大师说："大概瓦尔登戈已经饿了，托斯克（夫人这样称呼大师），结束工作吧……"

他微笑着说："把'卡尔班诺'（一种都灵著名的苦艾酒）给我们拿来吧，瓦尔登戈是都灵人，别忘了这件事。"

就这样我认识了朴素大方、心地善良的卡尔拉·托斯卡尼尼夫人，她对大师关怀备至，对歌手慷慨大方，她拿来"卡尔班诺"，大师说：为我们长久的友谊干杯！

直到这时我才确信，娜涅塔是对的，托斯卡尼尼会选中我演《奥赛罗》中的雅戈。

午饭时大师问了我的情况，他想知道，为什么我在都灵音乐学院学习双簧管和英国管，毕业以后又学唱歌。我提到米克尔·阿科林第，我要感谢他"发现"了我的嗓音，大师让我讲得更详细些。

事情是这样的。朱塞佩·威尔第音乐学院请来了新的声乐教员，举行了一次合唱班的试听，选择适合演唱古典复调音乐的嗓音，由一些大师和教授组成的委员会进行选拔。轮到我时，让我唱了一首练习曲。我唱了，阿尔法诺惊奇地说：这个男孩的声音不错！委员会一致同意，在学双簧管的同时允许我听声乐课。阿科林第充满热情地教我唱歌，为此我十分感谢他。

"你太幸运了，你遇见了一位立刻就能确定你的声部的人，因为教师往往会犯错误：年轻人很长时间当做男中音学习，后来却发现他是男高音——这往往太晚了。有多少好嗓子就这样被葬送了!"大师说。

午饭时大师给我斟满了酒,而我谈兴正浓,忘形地碰倒了酒杯,把酒洒到了大师的腿上。我简直想钻到地缝里去!大师理解我,他说:"这是好兆头!它好像更巩固了我们的友谊。"我一下子感到轻松和自在了。

午餐后我们到阳台上饮咖啡,托斯卡尼尼对我讲了他的经历。我问他,他更喜欢指挥音乐会还是歌剧?"歌剧永远是我的至爱,我总在努力寻找聪明的歌唱演员,他能敏锐地跟随着我,能自觉地抛弃所有的自我膨胀,那样的人我永远不能忍受。说实话,我总是自己为自己塑造歌唱者,不论好与坏……"大师说。

"大师,哪一位歌唱家您记得最清楚?"我问。

"怎么对你说呢?有那么多好歌唱家和我一起唱过,我甚至很难突出哪一个来。我总是很喜欢佩尔蒂莱、达尔·蒙特、加雷菲(Galeffi,Carlo,1882-1961,意大利男中音)、斯塔比莱、帕杰洛(Pasero,Tancredi,1893-1983,意大利男低音)。和歌唱家要善于交往,你们是一种奇特的人群,要善于正确地引导你们,引向需要的方向……就像对待天鹅绒一样。"他拉着我的手,笑了很久。

随后,大师带我去看他的花园,继续友好的谈话。他指着花园中心的一棵橡树说:"你看,在这棵硕大的橡树旁可以表演《女武神》的第一场。正好是在你们的城市里我指挥了很多瓦格纳的歌剧。"

大师对都灵有很美好的记忆,他的儿子瓦尔特出生在那里。大师回忆说:"我第一次到都灵是和帕尔玛乐队去演出,指挥是克雷奥封特·卡姆帕尼尼(Companini,Cleofonte,1860-1919,意大利裔美籍指挥家、小提琴家),我拉大提琴。乐队不大,但很优秀。"

托斯卡尼尼唱了波里磋尼《田园诗》中的一段旋律,那是这部作品的第一次演出,获得巨大成功。是的,在第一场音乐会后,评论家对这部作品并没有好感,但第二场音乐会后却好评如潮。大师说到这里摇摇头说:"可怜的卡姆帕尼尼!你只要想想,他第一场指挥得多好!"

托斯卡尼尼这时已经 80 高龄,可是他的记忆力却惊人地清晰,他记得许多都灵时期的故事。

预知吉凶的梦

3 点钟我们和托斯卡尼尼回到办公室,开始排练著名的宣叙调 "Roderigo ebben che pensi"。大师说:"我们来看看,午饭前我们学会的东西你记住了什么。"

我唱了宣叙调,尽力完成他的所有要求。

"好样的!"他夸奖道:"你看,我们会有一部好戏。回家自己把我们今天所做到的一切好好想想,明天我们再复习。"

我们一直练习到 5 点钟。大师在和我告别时说:"很高兴认识了你,请代我向你的亲人们问好。明天 3 点钟在 NBC 8 楼我的办公室等你。"

回家的路不近,有 20 公里,我记得那时我真想飞回去。

家里正很不安地等着我。岳父打开了香槟酒,再次响起了碰杯声,现在已是家庭节日。托斯卡尼尼选定我唱《奥赛罗》中的雅戈!这是歌唱者理想的顶点!

在那一晚我作了一个如此奇妙、如此奇特的梦,我想读者对此一定会有兴趣。

我梦见仿佛托斯卡尼尼在指挥一个大型乐队,合唱队里都是著名的歌唱家。托斯卡尼尼坐在椅子上,指挥着我从来没听过的音乐。这时一个不认识的人走到我面前,悄悄对我说:"罗西尼的小庄严弥撒。"音乐极其温馨,十分动听。大师在结束音乐会后走到我身边,但他不是一个人,在他身旁我看到了威尔第。伟大的老者看了看我大声说:"啊!这就是雅戈!托斯卡尼尼,我向你建议，在《梦》中不要作延长……"

第二天我到纽约图书馆借来罗西尼《弥撒曲》的钢琴谱，这好像正是我在梦中听见的那段音乐。而我确实记得，在此之前我从未听过它！

我把这一切告诉了大师，他在钢琴上背诵着弹奏了《弥撒曲》最美妙的篇章。当得知威尔第在梦中说的话后，他惊讶地看着我："太奇怪了！威尔第在《奥赛罗》首演前不止一次地对我说：托斯卡尼尼，不要让男中音在《梦》中作延长，顶多在 F 音的两个段落做一个不显著的延续。"

用头脑唱

事情是这样的，在练习雅戈这个角色时，我不得不拔掉一颗病牙。但我仍然到大师那儿去上课，让他看到我是用功的。大师非常看重歌唱者的自我牺牲精神，但是我不能唱，伤口困扰我，尤其是要张大嘴时。我对此很抱歉，而大师却安慰我："不要紧，正好我们可以多谈谈，这对你也是有益的。"

他开始谈雅戈。大师认为这是威尔第最优秀的角色之一，对表演者来说是十分困难的角色。

他解释说："你看到吗，有些角色是已经加工好的，也就是说作曲家已经有明确规定，这种角色对表演者来说不难。比如黎戈莱托、奥赛罗、鲍里斯·戈都诺夫、唐·巴吉里奥、博依托的梅费斯托菲尔等等。

"我听过各种各样的歌唱者演唱的这些角色，甚至是很一般的声音也能给人留下印象。当然，服装、化装也有助于使他们出彩。

"但是有些角色需要磨练，也就是说需要歌唱者在创造这些角色时投入全部心身、全部智慧，因为这些角色应当表现得不平常，要鲜明，要完全融于角色中去，要准确地像作曲家所看到和感觉到的那样去感觉角色。

"比如我建议你表演的雅戈就正是这第二种类型的角色。雅戈,这是恶的体现,正是这个恶魔导致故事悲惨的结局。他应当在暗地里行动,精于狡诈,他的行径像老鼠,应当用某种特别的吐字方法,应当永远记住摆在面前的恶毒目的。如果歌唱者哪怕有瞬间走神和忘记了他是雅戈,听众立刻就会发现,这已经不是那个人物了⋯⋯

"只是在'Credo'中,当他不由自主地在一瞬间坦露心怀时,他说出他到底是什么人。随后他又成为狡猾的、冷血的阴谋家。他从未变得软弱无力,他很少冒出下意识的动作;他的一切都是冷酷无情的,一切都是算计好了的。当绝望的奥赛罗被妒忌击倒时,雅戈应当像撒旦一样站在他的面前,感到自己已处于主人地位,因为由他铸成的计谋已经带来自己的恶果。亲爱的瓦尔登戈,我对你讲的这一切,在你表演这个罕见的形象时,你要永远记住。"

我想知道,大师对这样的现象怎样看:某些歌唱家,起初由于嗓音的缺陷,看起来似乎不会有很高的成就,可后来突然获得巨大成功;而同时有另一种歌唱家,他们有很好的嗓音,看起来会有光辉的前程,却像流星一样从舞台上消失。

"的确,我知道一些嗓音条件有限的歌唱家获得辉煌成就,而另一种人,虽然有一副绝妙的嗓子,却完全不会利用上天赐于的宝贵财富,完全消失了。"大师回答说。"亲爱的,问题在于,对于歌唱者来说,智慧也是很重要的,遗憾的是很多歌唱家缺乏的正是这一本质属性。"

他举安东尼奥·斯科蒂(Scotti, Antonio, 1866－1936, 意大利男中音歌唱家)为例,他的嗓音一般,但是在斯卡皮亚这个角色中他达到了惊人的效果。

"看起来这似乎是不可思议,但是我亲眼看到,斯科蒂丝毫不逊色于穆齐奥(Muzio, Cladio, 1889－1936, 意大利女高音歌唱家）和卡鲁索（Caruso, Enrico, 1873－1921，意大利著名男高音歌唱家），他比蒂塔·鲁福（Ruffo, Titta, 1877－1953，意大利男中音歌唱家）获得的掌声还要多。

"另一个会用头脑工作的例子，啊，多了不起！——这就是德·鲁卡。比如在《蝴蝶夫人》写信的场景中，他创造了如此生动、如此深思熟虑的沙尔普勒斯的形象，使得听众完全被这一场景吸引住了，在同样没有什么声乐效果的和蝴蝶夫人的二重唱之后，观众仍然给了他经久不息的掌声。"

要这样学习

在回答我关于移调的问题时，大师说："说实在的，这个问题总是令我不安，因为为了某一个音或某一个短句而牺牲整部戏，宁可降调。我指挥过很多次《阿伊达》，我总是注意到，女主角的表演者在没有拿下浪漫曲《尼罗河旁》中那个可诅咒的C音之前，她一直都惴惴不安。我从不使某个片断的移调具有什么意义，因为在剧院只有其他表演者会发现这一点，而且还不是所有的人！而观众的怪癖在于，当他们知道他们的某个宠儿比作曲家所写的调降低了来唱咏叹调时，那就倒霉了。观众断定，他的宠儿丧失了立场。这里是佩尔蒂莱的例子。我请他在'斯卡拉'唱《游吟诗人》，佩尔蒂莱有些动摇。我明白他是因为'Pira'中那个著名的C音。为了安稳他，我说：'Pira'你可以用你想要的任何调来唱，于是一切立刻决定下来。

"而在《阿伊达》中，我总是认定必须让男高音有可能不用高音降B、而是用三线上的降B来结束'亲爱的阿伊达'这首咏叹调，因为男高音在用降B结束咏叹调时总是很不安。如果他从高音立刻转到低八度，他会容易的多，因为高音降B并不是他必须屏住呼吸骤然停住的最后一个音，而只是经过音，而威尔第的原版就是这样写的,他很了解嗓音的困难。"

在谈到歌唱者的剧目时,大师肯定地说,遗憾的是现在丧失了正确的专业分工,可能是由于缺乏好的嗓音的原因。

"女低音、真正的戏剧性男高音、低男低音几乎从视野中消失了,因此不得不听抒情男高音唱戏剧性角色,而女高音在女中音的角色中名声大振。"

我问大师,他怎样看阿德琳娜·帕蒂(Adelina, Patti, 1843-1919,意大利女高音歌唱家),她既能唱《诺尔玛》,也能唱《理发师》。

"好的。你是否看到,帕蒂虽然既唱《诺尔玛》又唱《理发师》,她的嗓音绝没有比她原有的嗓音更大,即使她被认为这是嗓音的罕事,人的本质在某一瞬间发生和超越了极限。她唱了,唱得也很好,但不要以为她的所有角色都很完美。"

聆听大师的言谈总是十分受益和令人兴趣盎然,对任何问题他总是准备好了令人信服的回答。记得有一次我忍不住直接问他,"大师,您怎么什么都知道?"

他回答说:"问题不在于我什么都知道,而在于我的性格……我就是这样感觉。你想,在'斯卡拉'我必须向芭蕾舞女主角解释,她的某些步法不对,我就这样做:我走上舞台,做给她看我是怎么做的,而女演员总是说我是对的!"

我想了解大师关于美声(Bel canto)研究和青年人如何开始训练的意见。

"这是一个很长的过程。首先对开始起步的歌唱者,至少在学习的第一年,不要让他唱咏叹调和浪漫曲。若反其道而行之,在第一年只会有害无益。这有些离奇,但就是如此!之所以这样,是因为年轻人有一种先入为主的看法,比如说他们知道,这个音很高,他们就会过多地去想这个音。教师只需告诉青年人一点:这些音会有的——够了!在学了两年练声曲之后,学生可转入视唱。但在此之前——我从不知疲劳地重复这一点——，必须基本掌握呼吸，呼吸决定一切。有一些歌唱教师不厌其烦地讲软颚、喉头的结构等等，所有这一切都是多余的，因为这只会吓坏年轻人。只要他愿意，以后他会找到时间懂得声音是如何产生的，咽喉是怎样构成的。比如说你，当你歌唱的时候，难道你还在想咽喉、软颚？你想什么呢？"

我回答说，"大师，我唱的时候只想呼吸和更有表现力的词，别的什么也不想。"

他赞赏地看着我说："正应当如此。如果你一下子想的很多，你什么也得不到。"

大师强调指出，有许多现代的青年人，他们学了没几天，就认为自己已经是一个训练有素的歌唱家，为了高额薪酬的诱惑，去唱那些没有足够准备的角色，其结果是几年后他就从舞台上消失了。

"歌唱者持久的成功是因为持之以恒的练功和坚定不移的自我牺牲精神，还有——关于这点也应当说说——正确理解的顺应感，据此歌唱者永远也不要超出自己能力的极限。

"这是成功表演复杂角色的 sine qua non（拉丁文极限的意思——译者）条件。年年应当如此！

"你知道，在我们那个时候，女高音只有在 10 年的实践之后才敢唱《茶花女》，也就是说在嗓音完全稳定之后。而男中音在没有达到完全成熟之前，也就是说在他还没完全掌握自己的发声器官之前，他不会下决心去唱《弄臣》、《游吟诗人》和《理发师》。"

没有任何 "bis"

大师举男低音纳扎勒诺·德·安杰里斯（Nazaeno, De Angelis, 1881 - 1962，意大利男低音歌唱家）的经历为例，说明劳动和勤奋可以达到什么。他善于利用自己惊人的嗓音条件，他能唱罗西尼的《摩西出埃及》中抒情男高音角色。

"如果你能找到德·安杰里斯唱《摩西》的唱片,它对你训练呼吸会有很大帮助。"大师说。

我买到了唱片,他对罗西尼这些精妙绝伦篇章的表演令我震惊。我把我的感受告诉了大师,他说:"这是练功的成果,只有练习才可能克服这些困难。你知道吗,男高音德·鲁奇亚专门找了一位有耶稣般耐心的钢琴家为他工作,为的是无止境地重复某些他正在练习和雕琢的短句而使之达到完美。

"如果你能找到德·鲁奇亚唱的'再见了,迷娘',你听听,他的痛哭就像真的一样,实际上这是他无止境练习的成果。你听听唱片,你就会深信不疑。

"年轻人在自己艺术生涯的开始,为完善自己的嗓音,必须花大量的功夫轮换练习练声曲,特别是蒙特威尔第和其他古典作曲家的练声曲,练声曲有助于保持声音的清新与灵活。这对于'重'声音尤为重要,他们比其他人更需要练声。此外,任何时候都不要使声音超负荷,应当唱对声音来说比较轻松的咏叹调,这是对你一生都有用的药方。遗憾的是歌唱者经常唱一些超越他的声音能力的复杂的歌剧。那些年轻的、看似能以自己的嗓子震惊世界的歌手,两三年后消失得无影无踪。歌唱者永远要在嘴唇上感觉自己的声音,不要增加任何力量地让声音流出。他应当是自己嗓音的主人:只要他想唱,所有的音都是已作好准备的,而不是等待嗓子来指挥他!"

在不得不休息的这一天,我从大师处得到不少有关声乐艺术的忠告。

好的嗓音,这只不过是享有特权的人的天赋之物,要善于用分寸和适度去爱护它。——托斯卡尼尼说。

"你要记住,瓦尔登戈,任何时候都不要用全部力量唱。只有当乐句要求这样的时候才可以这样做。只要你更善于适度地运用自己的嗓子，你就能更长久地保护它。你还要记住，'bis'（再来一次）对嗓子来说，这纯粹是毁灭。任何时候也不要唱'bis'。首先，它是反艺术的；其次，它使发声器官超负荷；第三，如果你得不到'bis'，你就被毁了。人们会说：你坚持不住了，作为一个歌唱者你已经完了，还有许许多多其它这种'令人高兴的'话语，它会折磨你。你面对听众，最好是让他带着要再次听你的愿望离开剧场。"

就在这一次他谈到了蒂塔·鲁福。他有绝妙的嗓音，宏亮、宽广、有力量。但是由于追求廉价的效果，他在50岁时就倒了嗓子，甚至也许更早一些离开了舞台。蒂塔·鲁福总是用全部力量唱，从不爱惜自己——"bis"，"bis"！在《丑角》的序幕中，在唱"Andiam, incominciat!"（"就这样开始吧！"）时，他在高音G时唱得如此卖力，使得听众兴奋地从座位上跳起来，但是要明白，这只会对他的发声器官有害。

"我还要告诉你，蒂塔·鲁福甚至还不满足于他坚持了G，在'incominciat... Andiamin incominciaaaaate...'的'a'时，他用撕破幕布的力气又唱了这个音。当然，这样纵容的态度使他没能唱很久……非常遗憾！

"正如我说过的，德·鲁卡完全是另一种人，这是一位智慧的歌唱家，善于准确地支配自己的嗓音财富。德·鲁卡总是完美地、睿智地掌握自己和自己的嗓音——至今还在唱！可以说，如果蒂塔·鲁福支出的是自己嗓子的资本的话，那么德·鲁卡消耗的只不过是这一资本的利润。从音色上讲，蒂塔和德·鲁卡的嗓音没有任何可比性；蒂塔的声音强壮有力，特别是在高声区，他越往上，声音越漂亮；而德·鲁卡正向反，音域不宽，几乎总是在无悬念的音区，但德·鲁卡善于极巧妙地运用自如，正确地支配它。比如在《弄臣》中，他善于达到惊人的效果——整个角色他几乎都是用半声唱，因为，我亲爱的，当他突出某一个音时，天知道它是怎么回事,事实上这一切都建立在他智慧地把所有的声音色彩都配置妥当。"

大师笑着说:"在生活中你任何时候也不会遇到比德·鲁卡更狡猾的人。

"你听,你当然知道,在《弄臣》最后一幕著名的四重唱之后总是会爆发雷鸣般的掌声。在四重唱之后,德·鲁卡应该开始唱宣叙调'Modi, ritorna a casa, oro prendi, un destriero, una veste viril che t´apprestai e per Verona parti, sarovvi io pur doman...',但是,开始的几句他很困难,对他来说音域太低了。而他,掌声刚落,他突然用 forte 唱了'e per Verona parti, sarovvi io pur doman!'这一句,就这样,他巧妙地摆脱了困境!"

说到这里,我要中断一下我的叙述,我要说说我有幸在托斯卡尼尼大师的家里认识了朱塞佩·德·鲁卡,我向他表示衷心感谢,正是他在"城市中心"剧院听了我的《弄臣》的演唱,向托斯卡尼尼推荐了我,那时大师正在为雅戈一角寻找演员。

德·鲁卡是一位杰出的、充满激情的歌唱家,他同样也给了我许多忠告。我听过他的《理发师》,那时他 70 岁,他的艺术和技巧依然动人。我还在"市音乐厅"听了他的音乐会,他已 73 岁高龄,简直是太奇妙了!他的呼吸是那样完美,好像不超过 30 岁。我永远也不会忘记他多么精致地雕琢了一些老剧目的咏叹调啊!

大师最后说:"今天我们没有练习,没有唱,但是这次长谈,我想对你会有益处。要记住我说的话,要像珍宝一样爱惜它。老人总愿意把自己漫长一生所获得的一切告诉年轻人。

"后天,如果你能唱,就打电话来,我们少排练一会儿!而在家里,读读谱子,想想我的建议。有时不出声地思考角色是非常有益的。"

歌唱的微生物

在排练的时候,大师常常打断我提出一些建议。一次,我唱了一个句子，我自己也不知为何用打开的声音唱了短句的一个音。大师立刻让我停下来，惊讶地看着我说："多么糟糕的一个音！我的天哪，太糟糕了！……你怎么可以用打开的声音来唱它呢？"

我向他道歉，但是他立刻打断我说："没什么可道歉的，我亲爱的，你任何时候也不要用打开的声音唱E、F。无论怎样，永远不要。宁愿让人说你声音太闷，但永远也不要打开它。"

他对我讲到科托尼·安东尼奥（Cotogni, Antonio, 1831-1918, 意大利男中音）的声音，他认为，他的发声方法是最完美的。

"他的声音听不到从一个音区到另一个音区的过渡，声音永远是匀称的，统一的，没有任何转换过程。看起来这种声音是十分自然的，所谓天生的，可实际上这个可怜的科托尼用了很多年才达到了这种完美。"

一次，我和维内·拉蒙（Vinay, Ramon, 1914-1996, 智利男中音）排练奥赛罗和雅戈的二重唱，维内的这首二重唱唱得棒极了！

当我们唱完以后，大师从钢琴旁站起来坐到沙发上，我们忐忑不安地等待他的意见。他沉思片刻后说："也许不错，但是你们太喊叫了……看在上帝的份上，你们千万不要像卡鲁索和鲁福在唱片里唱的那样，他们也唱了这首二重唱。两个非常好的嗓子，没什么可说的，但是总的印象是，他们表演的不是自己的角色，而是尽力地互相要超过对方。"——随后他对我补充说："许多歌唱者在这首二重唱中竭力要比自己的同伴唱得更响，他们以为，只有音量能够震惊听众。他们错了。比如说，当男高音-男中音表演二重唱时，男中音的音域比较低，如果他想使他的声音听起来更好，他应当尽力模仿男高音。"

大师常常反复说，大自然赐于人多少，人就可以支出多少，不仅在歌唱中如此，在生活的其它情况下也是如此。

"大自然总会惩罚那些超越赋予他的极限的人。为什么要不遗余力地去做那些比你的声音所拥有的更多的东西呢？宁愿声音不大，但却是最优秀的！为了增大音量，你要用力地呼气，这时空气重重地压迫发声器官，使嗓音丧失圆润和柔美。

"达尔·蒙特的声音不大，甚至很不大，但是不论她唱哪个角色，在剧场的任何一个角落都能听到她。这是颤音（vibrato）造成的印象，由于它，这个不很强的声音到处都可听到。还有迪托·斯基帕（Tito Schipa, 1889-1965, 意大利男高音歌唱家），甚至邦奇（Bonci Alesandro, 1870-1940, 意大利男高音歌唱家）本人，也没有很大的嗓音，但是他们是如此训练有素，有如此丰满的颤音，充满全场。

"也有这样一种嗓音，在排练场上，即使捂住耳朵，也显得很强壮，而在剧场里却不能越过乐队造成的声音屏障。"

大师说了一个男低音的名字，他在工作室给他留下了如此好的印象，他立刻邀请他到"斯卡拉"来唱。

"但是当他在舞台上和乐队一起唱时，他带给我的是如此大的失望……好像他在后台的某个地方唱，完全听不见！

"大自然母亲在这儿再次表明她具有决定意义，这就是为什么一定要在剧场听想学歌唱的年轻人的原因，使他们不至于在今后痛苦失望。"

当练习顺利时，大师很满意，我会多留一会儿和他聊聊，讲各式各样有趣的故事，有时他会开怀大笑。

有一次我讲一位理发店的老板来找我听他唱，听听我的意见。他要我相信，他已经学了整整五年。我同意了，听了他，嗓子怎么也不行……当我十分小心地让他明白这一切时，他目瞪口呆地看着我，叫喊说："教授，你要记住：我很快就会成为'大都会歌剧院'的第一男低音。"

大师笑了，他说："你看，瓦尔登戈，遗憾的是，在所有艺术领域里，都会遇到这样的狂热者。歌唱，这是一种许多人都害的病，谁得了这种病，永远不能治愈。一种微生物产生了这种病，我甚至要说是一种小虫慢慢侵入他的脑子，吞噬了它，人就变成狂热。遗憾的是，他什么也做不成。"

他回忆说，许多年前，有一个人找到大师，请大师听听他。他是托斯卡尼尼一位至友（后来成为他的女婿）的熟人，因此不能不同意。

"这是一位优秀的、很著名的外科医生，但是他痴迷歌唱。这是一位充满智慧、令人尊敬的人，一位有许多重要外科专著的作者。不幸的是，他坚信自己有一副绝妙的嗓子，我必须要听听他。

"然而你是知道的，我不会耍滑头，总是怎样想就怎样说。他唱得太可怕了，简直没法说，太糟了……这有什么用呢？……他唱了《清教徒》中的'Bianca al par di neve alpina'（她苍白得像阿尔卑斯山的白雪）。我不知所措地看了他许久，我揣摩着如何粉饰一下，但最后还是决定直截了当地、诚实地告诉他，他应当从此以后永远把唱歌的事抛在脑后。

"我永远不会忘记那时他是如何看着我的！在他的目光中有多少憎恨啊……而他却是一个有文化的人哪！毫无办法，歌唱的微生物是可怕的……他走了，甚至没有道别。两天后他送来一封污辱性的信……

"从此以后我再也不想听谁唱了，除了那些我准备请来唱某个角色的歌唱演员。

"任何时候也不要对那些请你听的人说，你的意见是他不适合当歌唱家，否则你立刻会把他写进你的私敌的名单中去，如果你还没有私敌，他就会成为名单上的第一个。你要记住，瓦尔登戈！"

第三章　疾风暴雨般的排练

托斯卡尼尼 NBC 的办公室就在"8H"工作室的同一层楼上，门上可以看到"阿尔图罗·托斯卡尼尼"的字样。这是一间陈设简单、不大的房间：钢琴、沙发、几把椅子，在入口的门洞里立有一个冰箱。

排练之后大师通常都喝一大杯凉牛奶。一次在长时间的排练之后，虽然他已经很燥热了，但他仍然像往常一样喝了一大杯他的儿子瓦尔特递给他的牛奶，我问他："大师，喝这样凉的牛奶没有害吗？"

他惊讶地看着我："这是世界上最健康的食品——一杯加上罗姆酒的牛奶。你要想喝，可以试试看，你会相信的。"

我接受了他的建议，我非常喜欢，以至我和男高音阿桑德利常常偷喝大师的罗姆酒，后来大师抱怨罗姆酒怎么没有了。

有一次，阿桑德利不在，我比平常多喝了一口罗姆酒，正好大师走过我的身旁，他说："原来是你喝了我的酒，现在我要惩罚你，你给我背唱整个第二幕。如果错了，从头再来。"

不知为何，或许是因为罗姆酒，或许是因为害怕，到排练结束时，我汗如雨下……

托斯卡尼尼说："现在你可以安心回家了。"他狡黠地笑了。

从那天起，罗姆酒瓶从冰箱里消失了。

当威尔第指挥时

《奥赛罗》的排练在利维尔德里的别墅和 NBC 不间断地继续

着。我已牢固地掌握了角色，完全背熟了。但是当着托斯卡尼尼的面我很怕出错，我手里总是拿着谱子。看到这种情况，他咬牙切齿地说："还要看谱?!"

于是我把谱子藏在立在钢琴上的勃拉姆斯大照片的后面，我想大师不会发现它。但是他很有经验，十分了解歌唱者和他们的狡猾。于是有一天，当我准备离开时，他叫住了我，说："你带着谱子，还把它藏在勃拉姆斯的照片后面，你不觉得丢人吗？如果让我再发现，有你好看的！"

我从意大利带来《奥赛罗》的旧脚本，总把它带在身边准备角色。我知道，和大师不能开玩笑，他不想再看到我的谱子，于是我时不时地看看脚本来复习我的角色。还在斯卡拉时我就是这样做的。我的歌唱生涯那时刚刚开始，我有幸在安东尼奥·瓜尔内利大师的指导下演唱；正是他提醒我可以利用脚本学会歌剧。现在当我面临这样的任务时，我带上了脚本。

托斯卡尼尼有一次发现我在朝某个地方看，他问我是怎么回事。我回答说：《奥赛罗》的脚本，它有助于我背剧词，也就是说，角色。

"这是个好想法，谁教你的？"

"安东尼奥·瓜尔内利。"

"瓜尔内利？出色的指挥家！"大师赞叹说。"他在斯卡拉和我工作了几年。我永远也不会忘记赞多纳依在他的指挥下演唱的《里米尼的弗兰切斯卡》，这是一位不折不扣伟大的指挥家。"

大师想看看脚本，当他读人物表时，突然激动地大叫起来："这些混旦出版人！他们甚至不提这部歌剧的第一批表演者！给我钢笔，我来给你写上。"在每个人物旁边他都写上了一位杰出歌唱家的名字：

奥赛罗——弗朗切斯科·塔马尼奥

雅戈——维克多·莫雷尔

卡西欧——乔万尼·帕罗里

罗德里戈——温切磋·福尔纳里

洛托维科——弗朗切斯科·纳瓦里尼（Navarrini, Francesco 1855－1923）

蒙塔诺——纳博连内·里蒙达

盖罗尔德——安杰洛·拉戈马尔西诺

苔丝德蒙娜——罗列米尔达·潘达莱昂尼

艾米里亚——吉内芙拉·彼得罗维奇

他告诉我，唱卡西欧的是一位出色的男高音，威尔第对他非常满意。

"在斯卡拉排练时，威尔第坐在池座里，大声对歌唱者提意见。"托斯卡尼尼又说。"有一次他从大厅的后部大声对帕罗里说：'听着，帕罗里，你为什么在侧台唱？不要这样，要知道只有舞台的机械师能听见你。你要为我唱！'后来他又对唱罗德里戈的福尔纳里说：'你听着，福尔纳里，舞台很大，不要老和莫雷尔小姐挤在一起。'"

托斯卡尼尼也很欣赏拉戈马尔西诺，他有一副明亮的嗓子，他有辉煌的演艺生涯。

后来大师告诉我，1887年有一次在斯卡拉排《奥赛罗》时，由于潘达莱昂尼，他被罚了8里拉，那时他在斯卡拉剧院的乐队里拉大提琴。

"你知道，我是一个很狡猾的人！"大师微笑着回忆说："不言而喻，潘达莱昂尼小姐唱得很好。但不知为何，她有时候音不太准，而我从来不能听人跑调，这时我仿佛感到蚂蚁在皮肤上跑，我很痛苦。法乔大师是著名的女主角的挚友，他问我：'托斯卡尼尼，潘达莱昂尼小姐唱的时候，你为什么这样皱眉头？'我站起来回答说：'大师您知道，潘达莱昂尼小姐是一位伟大的歌唱家,但是当我听到她音不准时……我不能……我感到,好像在抽我的筋!'法乔什么也没说,但是他利用一次适当的机会,罚了我8个里拉,我不得不付了钱。""但是当潘达莱昂尼小姐再次跑调时,我照样皱起眉头。"托斯卡尼尼笑着补充说。

出生于帕尔玛的伟大的大师就是这样的,在那里,可以说,空气本身都浸透了音乐。托斯卡尼尼具有非凡的音乐敏锐性,当事情关系到我们的艺术时,他对不论什么人都不可能做出任何妥协。

塔马尼奥的随心所欲

托斯卡尼尼有惊人的记忆力,他能立刻回答任何问题,甚至当你问到发生在很久以前的事时。比如有一次我问他:"大师,您对梅耶贝尔的《预言者》怎样看?"

他立刻回答:"你应当听听塔马尼奥唱的《预言者》。多么美妙的歌剧啊!现在已经不上演了,因为再也找不到像他那样的歌唱家!需要第二个塔马尼奥!"

他为我背诵着弹了这部歌剧中最美妙的段落。他感到遗憾的是,现在许多歌剧不能上演,正是由于缺乏歌唱者,在某种程度上也由于题材。

他说,听塔马尼奥唱《威廉·退尔》是真正的享受。"在音乐方面,也许你还想从他那里期待点什么,因为当他凭听觉唱时,他会迷路,很难回到正确的道路上来。但是当他在高声区打开阀门时,仿佛是银质小号在合唱。"托斯卡尼尼回忆道:"当塔马尼奥唱咏叹调'O muto asil del pianto"的华彩段时,他的C音使我如此震动,我简直惊呆了……你只要想想,我从来没有陶醉于男高音如此喜爱的延长。但是塔马尼奥在高音C上的这个延长,使我相信,完全抵得上整个演出。"

第三章 疾风暴雨般的排练

1899年12月27日托斯卡尼尼指挥了《奥赛罗》，那时伟大的塔马尼奥唱了主角。大师对我讲了与此有关的趣事。

塔马尼奥不想到斯卡拉去排练，他要求托斯卡尼尼去他下塌的"玛丽诺"酒店排练。

"你想想要我到酒店去排练！决不能这样做！鉴于塔马尼奥坚持自己的想法，我去找与他同住在一个酒店的威尔第，告诉他塔马尼奥要在酒店排练。威尔第笑了笑，立刻派人去找他。他刚一进门，就明白是怎么回事，他阴沉着脸看着我。你能想象，站在这个巨人旁边我看起来像什么！威尔第说：'听着，塔马尼奥，到斯卡拉去排练，明白吗？别干蠢事！你知道，旅店是为睡觉而存在的……到斯卡拉去排练吧。'"

托斯卡尼尼说，看到塔马尼奥面色绯红，这么伟岸的人在威尔第面前如此窘迫，连声说"Si sgur, si sgur vadu a la Scala cume a vol chiel"（是，先生，我按你说的，到斯卡拉去！）时，他甚至感到很尴尬。

在此之后有一段时间，塔马尼奥见到托斯卡尼尼时都阴沉着脸，但后来他们成为最要好的朋友。托斯卡尼尼常常回忆起塔马尼奥不止一次请他吃从都灵带来的瓦尔顿奶酪（他认为这是世界上最好吃的奶酪）。

卡鲁索的嗓子

我对大师说，从童年我开始练唱起，我不止一次到陵园在伟大的男高音墓上献花。托斯卡尼尼激动地说："好样的！美好的感情！塔马尼奥是个很好的人，有些吝啬，但很善良。遗憾的是，他死得太年轻了。"

大师为保留下来的塔马尼奥的录音感到十分痛心，它会使人们对这个稀世之宝的嗓音产生完全不正确的想象。

"大师,您认为还有谁可以被看做声乐的稀世珍宝?"我问。

"我听过四个人:弗朗切斯科·塔马尼奥、露易萨·泰特拉齐尼(Tetrazzini, Luisa, 1871 – 1940, 意大利女高音歌唱家)、蒂塔·鲁福和恩利科·卡鲁索。其他许多歌唱家也有出色的嗓子,但再也没有人能被称为稀世珍宝。"他回答说。

对于我的问题:他怎样看卡鲁索的嗓音,托斯卡尼尼回答说:"卡鲁索有一副热情、和谐、充满活力的嗓音。卡鲁索细致地研究每一个乐句,每一个短句。你能想到吗,在演出当天的早晨,他要把晚上演出的整部歌剧唱一遍。卡鲁索有一副令人震惊的嗓子,在见到他时,我永远也不能相信,从他的身上,会发出如此热情和浓厚的声音。我想顺便和你说一件有趣的事。这是纽约大都会1913/1914年演出季的开幕式,应当上演有卡鲁索参加的《乔孔达》。

"在演出开始前,像通常一样我到化妆间去看看演员。走到他的门口,我听见剧院的医生在说:'尊敬的先生,您这样的喉咙完全不能唱!'然后卡鲁索说:'医生,只要您在我的喉咙里涂上搅拌有甘油的碘酒,您就什么也不用担心了。'

"我走进门,医生看见我,对我说:'大师,您看看这喉咙,您说说,这样的嗓子还能唱吗!'我走近卡鲁索,医生照亮了他的喉咙。这是怎么回事哟!甚至我这样完全不懂医的人,也完全惊呆了。你想想,整个喉咙都化脓红肿,这太可怕了!

"我对卡鲁索说:'恩利科,这种状况你不能再唱了……'他只是看了我一眼,没有回答而对医生说:'大夫,您给我涂完药就到大厅去听我唱吧……'

"医生看到他很坚持,只好给他的喉咙涂上了碘酒。我十分不安地回到自己的休息室,要知道这是大都会演出季开幕式呀!我承认,亲爱的,在我见过卡鲁索的喉咙之后,我极其不安地下到乐池,完全交给上帝安排。大概我的脸色很难看,乐手们都瞪大眼睛看着我。

"我内心颤栗地开始了序曲,忐忑不安地等待卡鲁索的出现,当我看到他站在自己的面前时,我感到全身发麻——我害怕发生惨剧。然而当卡鲁索张开嘴,唱出第一句'Assasini, quel crin venerando, rispetteate'时,他的嗓音比任何时候都更美妙,更响亮。这是钻石,不是嗓音——从他的喉咙里发出的声音只能这样形容。

"在咏叹调'天空与海洋'之后,演出不得不中断了好几分钟。观众几乎疯狂了,无论如何都要求 bis。请你相信,我再也没有听过像那个晚上那样完美的卡鲁索。我从指挥台旁给了他一个飞吻……你要知道,我不是那么容易欣喜若狂的人……

"怎样的嗓音啊!怎样的嗓音啊!当经久不息的掌声呼唤他走上舞台时,卡鲁索看着我,狡猾地挤了挤眼……第一幕结束,我跑向后台,紧紧地拥抱了他。"

走吧,老约翰

在利维尔德里,托斯卡尼尼住在一个不大的房间里,在他的床旁有一个小桌子。旁边是他的工作室。有一次,他请我到他楼上的房间里去看他养在养禽场的金丝雀。走过他的小桌时,不知为何他打开了抽屉,当我看到一堆各式各样的手表时,我惊呆了。我问:"大师,您收藏手表?"他回答说:"不,这不是收藏的,是人们无休止地送给我的。你挑选一个吧。"

我顺手拿了一个。这是一个有双层表盖的手表,我还是儿时在爷爷那儿见到过。我打开表盖,上面刻着:"献给伟大的艺术家阿尔图罗·托斯卡尼尼。都灵。展品。1911 年"

"这是多么美好的纪念啊,是不是,大师?它们对您一定十分珍贵。"我说。

"是的，是美好的纪念。人们总是送我表，大概是让我不要忘记时间的流逝，好像我自己对此浑然不知……"他回答。

我们来到工作室，钢琴开着，上面摆着《命运之力》的序曲。当托斯卡尼尼看到我惊奇地看着谱子时，他解释说："我正在准备音乐会的曲目，也看看《命运之力》的序曲。"

大师指给我看他的亲人们的照片，其中有一幅是他的父亲身着加里波的义勇军军装的照片。

他说："这是我的父亲。他是一个很好的人，但是头脑发热，只要能追随加里波的（19世纪40—60年代反抗外国压迫解放斗争组织的领导人），他甚至能出卖灵魂。他被皇室部队俘虏，又逃脱了死刑，于是回家待了一个晚上。"

"为什么只待一个晚上呢？"

"为了看看妻子！"

大师解释说，后来父亲很快回到自己的部队……他摸摸胡子笑了笑："那个晚上他创造了我！这不坏吧，啊？"

"多么幸运的一晚哪！"我大声说。

而他，目视着某个远方，叹口气说："可能并非所有人都这样想……许多人希望根本没有这个晚上。因为当你付出自己的一切，以巨大的劳动在生活中得到了某些东西时，一些妒嫉你的人立刻会包围着你，如果可能，他们宁愿掐死你。"大师以极大的痛苦继续说："在我的一生中，遭受过不少巨大的不幸，有一些甚至是那些和我很亲近、我毫不怀疑他们的忠诚和友谊的人带给我的。我原谅了他们，因为我想使自己生活在平和之中，不要有邪恶。但我再也不想见到他们，我已彻底将他们从我的生活中排除出去，即使他们有的人后来极为沉痛地向我忏悔！"

托斯卡尼尼给我看了一个精美的银质镜框，里面放着一张已发黄了的纸。大师说："你读读。"

纸上写着："走吧，老约翰，走自己的路。"落款是：朱塞佩·威尔第。

大师告诉我，当他要在斯卡拉指挥《法尔斯塔夫》时，他从出版商里科尔蒂处得到了歌剧的总谱。一次，当翻到这部厚重的谱子的最后几页时，他发现了这张字条。这部总谱经过了很多人的手，但以前没有任何人发现它。这张字条当时是威尔第自己放进去的，在他把总谱交给里科尔蒂出版社之前。写在这张普通纸上的话，好像是父亲和即将迈入生活的自己的儿子的告别词。出版商里科尔蒂知道托斯卡尼尼热爱伟大的威尔第，于是把这张珍贵的字条留给了他。

"你葬送了杰作"

《奥赛罗》的排练提上了日程，托斯卡尼尼每一次都提出越来越多的要求。有几天，我已经不知道该求什么神灵饶恕我，怎样做才能使大师满意。他要求我用一种样式表演某个短句，但听了之后，他马上又按照自己的意愿换另一种相反的样式……他问我："你说说看，依你看，那种更好……这样唱方便吗……你的嗓子舒服吗……"

他不计其数地让我重复第二幕中雅戈对奥赛罗唱的著名句子"vigilate"（你要注意）。我记得，整个一天，他都强迫我唱这些可诅咒的 E，它们必须在合唱的衬托下既突出，却又不能用 forte。

有一次我承认："亲爱的大师，我找不到您所需要的这种色彩。"

他回答："你要思考，你会看到，有一天你会找到它，甚至你自己都没有感觉到。一切都会逐渐成熟，不可能一蹴而就。"

托斯卡尼尼要求 piano，但在 E 上 vigilate 不要变成 vigilote。

他说："我想在这个地方使声音仿佛从地狱、从撒旦本身发出，直刺奥赛罗的心灵，震撼他的灵魂。"

经过长时间的练习，我终于成功地做到了托斯卡尼尼所要求的东西！大师如此兴奋，他拥抱了我，对我说："瓦尔登戈，我们找到了我们寻找的东西。记住，永远都要这样唱。威尔第从莫雷尔（Mourel, Victor, 1848-1923，法国男中音歌唱家）那里得到的正是这个，正是这个！"

后来每一次当我要唱这几个音时，由于担心我不能按照大师要求的那样唱，我的血仿佛在血管中凝固起来；而他一面听着，一面看着我，微笑说："你记得为这几个音我们费了多大劲？"

往往我们仅仅因为一个短句而工作数小时。有一次当我无论如何也达不到他的要求时，我说："大师，我担心我做不到。"

他回答说："再也别让我听到你说这样的话！只要有愿望，就能做到你所想要的一切。再也不要谈论这样的话题！"

一次，他让我在 NBC 唱《梦》。我状态很好，想唱得尽可能好些。但遗憾的是在唱"E allora il sogno"这一句时，也许是呼吸没准备好，也许是由于过分激动，E 音前的半音阶稍稍快了些，世界的末日来到了！……大师从钢琴旁跳起来，大声吼叫："你葬送了杰作，多么可耻！你的脑子在哪儿！本来唱得那么好！太遗憾了！"

说实话，我被这突如其来的愤怒吓坏了，不知道该怎么办。我小心翼翼地说："大师，这儿只有我们俩人，除您而外，没有人听见我唱，您值得为此这样悲伤吗……"

我本该不说话最好，因为托斯卡尼尼更加愤怒了。

"你真愚蠢！你也是个不学无术的人！你们所有唱歌的人都一个样。你们没有个人尊严感！"他还说了许多当人失去控制时可能说出的"好听"的话。

卡尔拉夫人把我拯救了出来，她在隔壁听到我们疯狂的争吵走了过来。托斯卡尼尼对她说，我像现在的其他青年一样，也是一个懒虫。

第三章 疾风暴雨般的排练

卡尔拉夫人,这位圣洁的妇女反对大师说:"好了,托斯克,我以为,你想说的你已经都说了。"她转向我说:"瓦尔登戈,请你再唱一遍《梦》,请你按他所要求的唱。"

她坐到沙发上。大师回到钢琴旁,我唱了这段绝妙的旋律。

我在表演中倾注了我的一切所能,当我唱完时,大师说:"你看,现在就是所需要的。"

他摘去眼镜,指了指威尔第的照片,又说:"现在他也满意了。"

第一次合排进行得很顺利,虽然还没有找到唱卡西欧的人,大师还是满意的。他也承认,他为无论如何也找不到合适的男高音而极其不安。

这时正巧从意大利来了一个歌剧团,其中有一些杰出的歌唱家。但是很快这个团就破产解散了,团员们分散在整个芝加哥。其中有一个我很要好的朋友:男高音维尔吉尼奥·阿桑德利。我告诉托斯卡尼尼,依我看,他很适合卡西欧这个角色。托斯卡尼尼派人去找阿桑德利,让他来见他。做到这件事并非易事,因为阿桑德利在剧团解散之后留在了芝加哥,在一个晚间俱乐部唱歌。他得到我的消息之后,很快来到纽约,我安排他和大师见面。我相信,阿桑德利这位诙谐幽默、仪表堂堂的优秀男高音,会给大师留下好印象。我亲自带阿桑德利去见大师,成为十分奇特、罕见现象的见证人,至今我也不明白这是怎么一回事。

阿桑德利见到大师,他是如此激动,非常惊恐地看着他。他满面通红,汗流如注,一句话也说不出来。大师理解他的不安,试图安慰他,但是毫无办法。直到15分钟之后他才回到自我,逐渐恢复正常状态。后来他对我承认,这是他一生中最美好的一天,他太激动了,以至失掉了说话的能力。

大师让阿桑德利唱了一段"Miracolo vago dell' aspo e dell' ago",非常满意——他终于找到了他所想要的那个卡西欧。

正如我预想到的,他,阿桑德利,正和托斯卡尼尼一样,都出生于帕尔玛,都具有轻松活泼的性格,他立刻就得到了大师的青睐,大师对他永远都抱有好感。

帕尔玛香肠

一次,当阿桑德利从帕尔玛到纽约时,托斯卡尼尼的一位忠诚的朋友,一个叫斯泰芳诺蒂的人,托歌唱家带一些有名的库拉特里香肠给大师。阿桑德利知道,美国严禁带任何香肠入境,但他仍然同意完成他的委托,把珍贵的礼品藏在箱子的底层,他期望香肠能偷偷地带过去。

在轮船码头上有一个由罗马人和艾米利亚人组成的小乐队。当乐手们得知,在阿桑德利的箱底藏有库拉特里香肠时,他们开始说服他把香肠交给他们,他们发誓,他不可能瞒过警惕性很高的海关,把香肠送给他们总比扔到大海里强。但阿桑德利毫不动摇,他认为想方设法把香肠带给大师是他的职责。

当轮船到达纽约时,阿桑德利和乐手们告别,带着他贵重的箱子离开轮船上了岸。他说,当他进入海关,刚打开箱子,一股令人垂涎的香味引起了海关首脑的注意,命令他把箱子放到桌上,包裹着的香肠立刻就被发现了。海关的人抓起它,正准备把香肠扔进海里,阿桑德利突然止住他,用他那帕尔玛式的英语说道,这根本不是什么香肠,而是香肠式的奶酪!这个词是他刚刚发明的,他知道,在美国不禁止奶酪入境。但是海关人员什么也不愿意听。阿桑德利明白,库拉特里马上就会被扔进水里,这时他突然冒出一个念头,迅速从口袋里掏出斯泰芳诺蒂托他转交给大师的信,递给海关人员看。

当他看到是写给托斯卡尼尼的信时,他惊叫起来:"见鬼去吧,对托斯卡尼尼,什么都可以。这是音乐的上帝!"他立刻把库拉特里还给阿桑德利,后者高兴得又唱又跳起来。

这个喜剧场景就发生在停泊在船坞里的轮船上。而坚信海关人员会把库拉特里扔进海里的乐手们站在码头上,正等待着要抓住香肠的那一刻。

"我永远也不会忘记,当他们看到我带着珍贵的库拉特里向城里走去时他们脸上的表情。假如你看见他们,你一定会大笑起来!低音大提琴手把在弓根栓上钩子的最长的琴弓握在手中,准备钩住香肠,就像和风车奋战后的堂吉诃德……"

大师在听这个故事时也大笑不已。每一次当我们聚集在他的家里迎接新年,或是其它什么聚会时,他都会要求阿桑德利讲这个香肠奶酪的故事。阿桑德利天生就是一个幽默的人,当他如此绘声绘色地描绘这个场景时,我们所有的人,首先是大师,都会笑得死去活来。

别说话……大师发怒了

那时我还在"城市中心"演唱,而大师每天都在 NBC 排练,星期日他将排练安排在 15 点。我事先已告诉瓦尔特·托斯卡尼尼,这一天我有演出,到 17 点我才能完事。他告诉我会说服父亲改变排练的时间。实际上,也许是因为忘记了,也许是因为没有勇气:他什么也没有对父亲说。

我毫无疑虑地准时 17 点来到排练场。我有一个习惯,到大师那儿去排练,我一定穿上最好的衣服,看起来礼貌一些,这一天也是如此。

《丑角》在"城市中心"的演出很成功。我飞快地卸了妆,向 NBC 奔去。我爬上 8 楼(和妻子一起,她通常都在隔壁房间里等我排练结束),走进大师的工作室。

所有人都集合在一起,正在排第三幕。大家都站着,从背后我没有看见坐在钢琴旁的大师。我挤到男低音莫斯孔纳（Moscona, Nicola, 1907-1975, 希腊歌唱家）旁边，站在他身旁，微笑着向大师致意。他皱紧眉头不作回答，发出一种哼哼声。莫斯孔纳悄悄对我说："别说话……大师发怒了！"

我看了看在场的所有人的面孔，莫斯孔纳面色苍白，面颊抽搐；阿桑德利满面通红；涅丽低垂着头，凝神盯着自己的鞋；而拉蒙·维内呆若木鸡地站立着，像希腊神话中的独眼巨人。其他的人，作为美国人，看起来没有把所发生的一切放在心上，因为他们不懂得大师在讲什么，——他在生气时通常都用帕尔玛土话发泄自己的愤怒……

我悄悄地退到放着冰箱的墙角，我知道，事情不妙，从那里可以观察到所发生的一切。

大师继续在发火："多么可耻！从头再来！……不，不，不是这样，乱弹琴……"

在不计其数的重复之后，他不说话了。死一般的寂静，只能隐隐约约地听到冰箱的运作声。木然的歌手们就像童年时祖母对我讲过的童话故事中的幻影，他们用一种奇异的魔法把人变成盐的雕像。

托斯卡尼尼坐着，深深地埋在沙发里，目不转睛地用自己近视的眼睛看着远方。寂静延续了很久。有多久，我没法说，因为几分钟仿佛几小时！坐在钢琴旁的特鲁科大师也纹丝不动，就像罗西尼《塞维利亚的理发师》第二幕中的唐巴尔托洛……

终于我听见大师说话了："雅戈，到这儿来！"

我明白，该轮到我了，我摇摇晃晃地走向前。大师让坐在钢琴旁的特鲁科大师站起来，自己坐了上去。他弹了合唱"Si calmi la bufera"的最后几小节。我对自己很有把握，唱了"Roderigo ebben che pensi?"（罗德里戈，你是这样想的？）。我刚唱完这个句子，托斯卡尼尼就像福利埃复仇女神一样，扔掉《奥赛罗》总谱,大声吼叫:"我该怎么想?!你——是个狼心狗肺的人,既不知道羞耻,也没有良心。——这就是我所想的!"

他好像着了魔,继续骂我和所有的人,他已完全失去了自我。我记得他对我说:"我原以为你是一个循规蹈矩的人,严肃的人,而你却和所有的人都一样!"

总之,这是愤怒的 crecsendo(渐强),但不是罗西尼式的,而是托斯卡尼尼式的,代替音乐响起的是最可怕的字眼。

我一动不动地站在那里,体验着可怕的屈辱,咬紧牙关,我想,大师如此愤怒,甚至会揍我。同事们以防万一退到了门旁……

这时我想起唐帕斯夸勒对刚出现的侄子艾内斯托唱的句子:"你正好赶到了。"我也来得正好,正是托斯卡尼尼在激怒之中,为他找一个缘由来使他的神经得到释放。我油光逞亮的头发,崭新的西装,闪闪发光的皮鞋,自鸣得意微笑着的面孔,看来给他留下了特殊的印象,而我正是一枚避雷针!

还有许多其他刺耳、严厉的谴责,然后把所有人都赶走,完全像《奥赛罗》第三幕结尾时摩尔人在激怒中所唱的:"所有人都滚出去!"

我们所有的人都集合在电梯旁的楼道上,惊慌失措,六神无主。我很懊恼,我竟唱了这样愚蠢的句子:"罗德里戈,你是这样想的?"引起这样大的愤怒。

但是同事们围着我,感谢我及时拯救了他们。他们已经无能为力了!第三幕中的四重唱没完没了地重复了整整两个小时,——还是不行!莫斯孔纳告诉我,大师昨晚举行了音乐会,维瓦尔第《四季》的小提琴独奏者没能按托斯卡尼尼所期望的那样表演。

这强烈地影响了极其敏感的大师,引起这样的愤怒和不满,无法很快排解。《奥赛罗》的四重唱无论如何也唱不好,而你正好迟到了两个小时。总之,这一切凑合在一起使大师如此绝望,他一看到我,立刻咆哮如雷!

最被吓坏了的是我的妻子,她听见了在工作室所发生的一切,但不知什么原因,她十分担心,但愿我不要对大师无理……

我第一次见到大师如此生气,应当承认,我是真正吓坏了。

我记得我的好友维内带着温和的微笑对我说:"你知道吗,瓦尔登戈,观察这个场面,我明白我应该如何看待《奥赛罗》第三幕我把所有人都赶走。"

每一次当我唱《奥赛罗》,唱到这段著名的宣叙调时,我会再次体验这个场景,听到托斯卡尼尼骂我的声音,刺耳,严厉,愤怒,就像那可悲的时刻。

第四章 "亲爱的，你太让我高兴了！"

我想，在这次事件之后，大师会完全放弃《奥赛罗》了。但是两天之后，瓦尔特打电话给我，请我明天15时去排练。

说实话，我很伤心，因为事实上我没有犯任何错误，我不应该受到这样的对待，在排练时我不打算掩饰自己的不满。我们刚刚进入工作室，托斯卡尼尼向我们致意，他说："雅戈，请您唱唱宣叙调。"

他用您来称呼我，我想，三天前开始的故事还未结束。他弹了合唱的宣叙调"Si calmi la bufera"（让争吵过去），我听见莫斯孔纳悄声说："皮诺，别害怕！"

我果断地唱了第一幕的整个宣叙调（大师哼唱罗德里戈的句子）。我极其用心，一切进行得很顺利，托斯卡尼尼一次也没有打断我。等到结束时，他欢呼："我们终于互相理解了。实际上为此需要的并不多。"

我们唱了整个第一幕，之后大师说："稍稍休息一下。"

我站在走廊上正和阿桑德利聊天，大师向我走来，友好地把手放在我的肩上，说："星期一我严厉地训斥了你，是吧？但你自己也知道，没有这样的教训不行，否则你不会严肃地对待事业。"

我回答说："但是，大师，您甚至没让我开口，马上就喊叫起来……我什么错也没有。"

他仔细地看了看我，回答说："你要知道，头一天一个愚蠢的小提琴手和你的同事弄得我快要发狂，看到你排练两个小时之后才出现,容光焕发,衣着时髦,我完全不能控制自己了。"他沉思了片刻,又说:"顺便说说,这对你没有坏处……让我们把这一切都忘掉吧……"

所有难题都暗中潜藏

《奥赛罗》继续在 NBC 排练,有时也在利维尔德里。一次在利维尔德里,在排完前两幕之后,大师开始再次讲解雅戈这个角色。他从钢琴旁站起,示范雅戈应该怎样走动,他的手势,他的面部表情应该是怎样的,要使人看到他灵魂的卑劣。

直到最近,他一次也没有让我唱"credo(信经)",于是我对他说:"大师,您和我练习了这样长的时间,可我还一次也没有唱过'credo(信经)'。"

托斯卡尼尼沉思了片刻,回答说:"你看,我亲爱的,这是一首镶嵌式的咏叹调,是专为男中音展示自己的嗓音而写,但是,宣叙调要重要得多,特别是在威尔第的歌剧中。在宣叙调中能看清歌唱者,我亲爱的朋友。所有人都能这样或那样唱咏叹调,而宣叙调……所有难题都暗中潜藏。比如说你唱《命运之力》中的宣叙调'Invano Alvaro ti celasti al mondo',我立刻就能告诉你,你会怎样唱整部歌剧。"

我为他唱了这段宣叙调,唱完后他说:"你看,瓦尔登戈,你用很漂亮的声音唱它,有韵味,但是缺乏重音……你听听……"他唱得如此富有表现力,我简直太惊讶了。

我问他:"大师,您什么时候有时间,能和我练练《命运之力》?"

"随你什么时候都行!"他回答。

第二天我带着谱子去到利维尔德里。他听我唱,十分慷慨地提了许多宝贵意见。我记得他说:"男中音的第一首咏叹调'Son

Pereda, son ricco d'onore' 你一定要唱得淳朴，不要挤压嗓子，否则它会变得很沉重，更不用说，如果你不用力唱，你会轻松得多。"

第二天，（我总是提前到场，为的是可以和大师聊聊）托斯卡尼尼对我说："你知道，我昨天想了想你的事，我想告诉你一个练习，这是巴第斯蒂尼·马蒂阿（Battistini, Mattia, 1859－1928, 意大利男中音）为使嗓音永远保持灵活、匀称、有良好的呼吸而做的。巴第斯蒂尼每天唱几次《艾尔南尼》中的乐句'Da quel di che t'ho veduta bella come un primo amore'。你要记住，瓦尔登戈，这个乐句，是男中音通向 bel canto 的钥匙。当你学会轻巧地唱它，你的嗓音会变得灵活，任何男中音角色对你都会变成轻而易举的事。"

我请大师告诉我，秘诀在什么地方。

"你看，这个乐句几乎用了男中音声部的整个应用音域。"他说。"为了唱得完美，要听不出中声区和高声区色彩的区别。巴第斯蒂尼的音色很'暗'，甚至接近戏剧性男高音，他变换元音，长期像唱练声曲一样练这个乐句。"

至今我每天都唱这个困难的乐句，应当承认，对男中音来说，没有更好的药方。我建议年轻的男中音：按时唱它，你会看到，它对你的嗓音有多么良好的影响——使音区统一，音色柔和，教会你控制呼吸。如果你真正练好了《艾尔南尼》中的这个乐句，《弄臣》中著名的乐句"Veglia o donna questo fior"，就不会有任何困难。

大师告诉我，他听过男中音恩利科·莫里纳利（Molinari, Enrico, 1882－1956）的录音，他和巴第斯蒂尼一样，把这绝妙的音乐篇章唱得极其出色。

"如果你能听到这个录音，你一定会燃起要学习、要达到越来越好的表演的愿望。"大师说。

排练一结束，我立刻去寻找这张唱片，遗憾的是，我没能找到它，因为这是很早的录音，由意大利"哥伦比亚"公司录制。

后来我在纽约的老唱片商店偶然发现了它。我去到大师处，对他说，我听了唱片，的确是 bel canto 的珍品。

大师再一次赞美了男中音莫里纳利，以这样的话结束了我们的谈话：

"我亲爱的，我永远也不会忘记在斯卡拉和迪托·达尔·蒙特、阿乌连里安诺·佩尔蒂莱及恩利科·莫里纳利演出的《露琪亚》。"

"拉蒙，别真把我摔死！"

托斯卡尼尼经常请我独自到他家里去，为的是练习雅戈最困难的地方，但他对结果总感到不满意。当我以为我终于做到了一点什么时，他突然说："现在你要像艺术家那样唱，不要像小学生！"

有时我们为了某一页而整整坐一个小时。我记得练习第三幕时，在没得到他的首肯之前，我已经累得筋疲力尽。对"Questa è una ragna, dove il tuo cor, casca, si lagna, s'impiglia e mure"片断，他要求这六个八分音符的半音进行要十分准确地强调 staccato 的唱法，要丝毫不差地按照威尔第所写的那样唱。哪怕是一个音没有唱好，他都要从头再来。大师要求色彩多样化，他指出，即使这是器乐性的句子，也要用嗓音唱，要有色彩。

为了达到目的，我花了很多时间。

正如我说过的，托斯卡尼尼不能容忍我们某一次遇到过困难的地方再次重复错误，自然，经过这样多的练习之后，表演应当是完美的！应当说，大师对我是十分有耐心的。他一个音又一个音为我弹奏困难的段落，他说："你是音乐家，这就是说，你应当唱得准确无误，而不是像许多其他歌唱者那样似是而非……"

应当承认，看起来也由于我性格随和，我的态度和用功，大师对我很宽厚，即使他生气了，时间也不会长，很快他又成为良师益友。但是对他永远要真诚，他喜欢坦诚相待，而不能容忍半

第四章 "亲爱的，你太让我高兴了"

吞半吐，言不由衷。

托斯卡尼尼认为拉蒙·维内是伟大的奥赛罗：他有很适合这个角色的嗓音，魁梧的身材。有一次他说："你看，瓦尔登戈，维内生来就是歌唱家。对他不用多说，他立刻就明白，奥赛罗好像是专门为他而写的。"

维内以他的音乐感和表演令托斯卡尼尼想起伟大的佩尔蒂莱。我和维内一起唱过很多次，我记得，在第二幕，当他扑向我时，我真地感到害怕。有一次在舞台上排练时，这个大汉把我像羽毛一样举起来，远远地向旁边扔去，后来我整整一个月满身青紫。每一次在排演这个场景前我都要请求他："拉蒙，求求你，别真把我摔死！"

在合排之后，托斯卡尼尼把所有演员召集在一起说："有谁在哪一个段落有困难，不要客气，坦率告诉我，我们一起努力把事办好。"

我记得，演唱卡西欧的维尔吉里奥·阿桑德利承认，在唱"che nuba tessuta……"这个句子时，元音"u"他有些困难，在这个"u"上，A音总是唱不好。

托斯卡尼尼沉默了片刻，想了想，随后对阿桑德利建议："你试试用'che nuba tramata'代替'che nuba tessuta'。你看，这样不是很好吗，威尔第本人想来不会反对这样的改动。"

阿桑德利按照大师的建议用元音"a"唱，A唱得好极了。

"为什么要因为一个音或一个音符而破坏整个句子呢？要想办法把事情办好，无论如何要解决问题。"大师说。

他举《浮士德》中男高音的谣唱曲（cavatina）"Salva dimora casta e pura"为例说："许多男高音唱'Che la fanciulla a me rivela'很容易，而另一些人正相反，唱'Che a me Rivela la fanciulla'这一句更容易。这并没有什么不好……重要的是，要把困难的地方唱得很美，C很好听，因为每一个人喉咙的构造都不相同！"

我尽力不漏掉大师所说的每一句话，我不论何时何地都尽量靠近大师，托斯卡尼尼对此甚为满意。

配角的意义

一次，我请大师讲讲1887年2月5日《奥赛罗》在斯卡拉的首演。托斯卡尼尼看了我一眼说："你总是要从我这里打听点什么，我没法拒绝你。"

他讲了那时他在斯卡拉剧院乐队拉大提琴的情况。

"在这次演出中，潘塔莱昂尼像往常一样好几次都跑调。塔马尼奥唱得极好，他的嗓音很明亮，就像狙击兵的小号，充满了整个场厅。莫雷尔唱得也很好，我甚至要说，他的意大利语的发音并不使我担心，这种语言在法国人的嘴里有些装腔作势。除此而外，他是一个优秀演员，外形很好。富兰切斯科·纳瓦尼利的元首表演得极佳。唯一不称职的是艾米丽亚的扮演者。演唱这个角色的是彼德罗维奇，她是一位优秀的配角演员，但是对这个角色来说她的嗓音不足，特别是最后一幕。"

托斯卡尼尼解释说，在第二和第三幕，艾米丽亚这个角色要求有很好的嗓音，而在最后一幕，嗓音要宽广，低沉，因为威尔第希望这个角色更具有戏剧性，这里用的是次女高音的声区。

"在那个晚上，在前三幕和苔丝德蒙娜的二重唱中，塔马尼奥得到辉煌成功。听众不满意的只是最后一幕，当苔丝德蒙娜在高音G上唱这个句子'奥赛罗杀了苔丝德蒙娜'时。幸运的是这里只是几个音。但这一刻是可怕的，因为听众已开始骚动。"托斯卡尼尼继续说。

《奥赛罗》首演后几年过去，作为已是指挥家的托斯卡尼尼见到了博依托，他们谈到了那个晚上。博依托承认，他一生还从未像那个晚上那么害怕。没有任何人，甚至威尔第本人也没有想过彼德罗维奇可能成为失败的原因而调换艾米丽亚的扮演者。

托斯卡尼尼继续说："听众是很奇怪的人群，他们像风流女子，由于某种微不足道的原因而在瞬间毁掉最伟大的杰作。"

大师说，他本人总是特别关注配角表演者，因为他们是歌剧的神经。比如说《卡门》中的莫拉莱斯，这是出现在舞台上的第一个人物，他的作用很重要，因为他要把人们带入歌剧的氛围中。在《卡门》的许多演出中，一些剧院为了节约，聘请一些刚刚起步的、没有经验的男中音唱这个角色，他们不懂得，这个角色甚至比艾米丽亚还重要，特别是在音准上。

"有一次我听见莫拉莱斯在《卡门》的这个句子'L'angel sen vola'上音不准。这些降 E 是很危险的，音准——这是一切。后来唱得很轻，很柔和。而为了音准，他却常常大喊大叫。"大师说。

与主角相比，配角的不利因素在于他们总是很短暂，没有机会展开。而主要角色总是很长，即使表演者在某个地方出了纰漏，随后他总有机会改正。

托斯卡尼尼继续说："我永远也不会忘记《奥赛罗》首演的那个晚上。从那以后，我总是关注，使我的配角都是优秀的表演者。当我后来在斯卡拉指挥《奥赛罗》时，我首先关心的是谁来唱艾米丽亚。而现在，你看到，我选择了南·梅利曼（Meriman，Nan，1920，美国女中音），她的嗓音轻巧，她不会让我操心……"

大师说，普契尼本人在准备《波西米亚人》时，首先注意的——也许使人很奇怪——是缪塞塔和肖纳尔的表演者。而在《玛侬·列斯科》中，他想听到爱德蒙、提灯人和舞蹈教师的好的表演者；在《蝴蝶夫人》中他关心的是戈洛。

巨大的成功

《奥赛罗》的排练在继续，托斯卡尼尼看起来是满意的。他要求我们每天大声唱自己的角色，不打任何折扣。他说，当歌唱者感到歌剧就在喉咙里时，他可以在任何时候唱它。可以想象，和这样一位现在已不会放过任何一点瑕疵的人工作的最后的日子里，我们的神经是多么紧张。

终于我们结束了钢琴旁的排练。12月3日是第一次和乐队排练，我们再一次经受了极大的不安。但是一切都很顺利，大师很满意。站在庞大的首屈一指的乐队面前是多么可怕哟！但是我们准备得如此充分，这次合排没有遇到任何麻烦。12月3、4日继续排练，5日彩排，6日的演出由如下的成员组成：

奥赛罗——拉蒙·维内
雅戈——朱塞佩·瓦尔登戈
苔丝德蒙娜——艾尔瓦·涅丽
艾米丽亚——南·梅利曼
卡西欧——维尔吉尼奥·阿桑德利
罗德里戈——莱斯里·切贝依
蒙塔诺——阿尔图尔·纽曼
洛托维科——尼科拉·莫斯孔纳
盖罗德——维尔吉尼奥·阿桑德利
合唱指挥——彼得·维尔霍夫斯基
音乐指导——维克多·特鲁科

世界各国的报纸都报道了由托斯卡尼尼担任指挥的《奥赛罗》真正凯旋般的成功。演出经过缜密思考，每个细节都由大师本人和NBC的所有技术人员周密设计。合唱由美国人、中国人、古巴人、黑人组成——总之是各种民族。经过维尔霍夫斯基大师的精心训练，合唱队既在歌唱方面，也在吐字方面达到了完美统一。可怜的合唱队员们要学会意大利词，应当承认，他们学得好极了！

至于说到演出，应当指出，与大师合作的乐队虽然是一流的，但是他们习惯的是音乐会曲目,而合唱队是由一些不掌握意大利语言、距离我们的音乐比较遥远的人们组成,还有三个如此年轻的无名之辈,如涅丽(N,E,1901-1994,女高音)、维内和我,——但他们仍然不仅卓越地表演了歌剧,而且在自己精妙绝伦的、令人惊叹的、新颖独特的诠释中保持了这部杰作原生的华美。

一贯支持我的伟大的男中音歌唱家朱塞佩·德·鲁卡向我表达了自己真挚的快乐。他对我的友情以后还会有机会讲到。他拥抱了我,激动地对我说:"好样的,瓦尔登戈!你唱得非常好。要记住,我还从来没有像你这样把《梦》唱得这样好!"

这是真正懂得什么叫歌唱的伟大的歌唱家说的话,因此他的话使我特别高兴。

我说,成功首先归功于大师,他具有"塑造"歌唱家的惊人的能力,他善于最大限度地利用他们的可能性。

德·鲁卡反对说:"但是你要承认,瓦尔登戈,更准确些说,托斯卡尼尼身上有一种磁性的东西,当他发出指令和指挥时把它传给了表演者。"

"太对了!"我同意说,"他身上有一种精神流质,你能感觉到它,它迫使你做到大师所要求的一切。"

第二天在美国所有最大的报纸上,都能读到当时最权威的评论家的好评。评论承认,这是最成功、最完美、很难有人超越的一次演出。

评论家奥林·道恩斯在1947年12月7日的《纽约时报》上写道:"……这部崇高的歌剧表现了托斯卡尼尼大师不可逾越的技巧和极其深邃的诠释。他的音乐表演方法众所周知。他的智慧和细腻的音乐感是如此清晰和无可争辩,要想对此引起争议的只能是不学无术或智力有限的人。这不仅是我们至今能听到过的最出色的《奥赛罗》的演出,而且是唯一的、硕果仅存的、无与伦比的演出!由于我们不可能再次听到这部歌剧如此完美的表演,我们期望它能录制成唱片,否则它的完美的秘诀将随着指挥家一起消失……"

罗伯特·贝格尔在同一天的《世界通讯》上写道:"托斯卡尼尼是怎样既坚定地保持绝对忠实于总谱,而又使演出达到如此不可逾越的完美无瑕,这将永远是个谜……"

对于这次演出的谈论持续了很久,至今还常常被提起。1961年10月在美国出版了威尔第这部歌剧的两张新唱片。评论家格尔贝格·库普费尔贝格为此在《先驱论坛报》上写道:"两张唱片都很出色,但是还想起第三张……那是在纽约的 NBC 由'胜利'唱片公司出版的,指挥是托斯卡尼尼,参加演出的有拉蒙·维内、艾尔瓦·涅丽和朱塞佩·瓦尔登戈。听这张唱片,拿它与新唱片作比较,你会为不可理喻的和谐而震惊。我感受过这个,我懂得。"

节日晚宴

托斯卡尼尼真心感到满意,总的来说他不经常这样。为了表示他对歌唱家的好感,他邀请我们所有人到他那里聚会,这在我的记忆中还从未有过。

这是1947年12月14日。幸运的我们围绕在我们亲爱的大师身旁,我们知道,这是我们一生中绝无仅有的一天。这里有男高音拉蒙·维内,女高音艾尔瓦·涅丽,次女高音南·梅利曼,男高音莱斯里·切贝依,男中音纽曼,男低音尼科拉·莫斯孔纳,男高音维尔吉尼奥·阿桑德利,合唱指挥,我和妻子,佩雷蒂埃大师,还有托斯卡尼尼的亲朋好友:卡尔拉夫人,女儿万达,儿子瓦尔特和妻子露琪亚·福尔纳洛里(1924年至1933年斯卡拉剧院首席芭蕾舞演员)。

当人们开始散去时,大师把我叫到一旁对我说:"我要教你唱法尔斯塔夫,你要和我唱他,你来吧。"

五天之后我在朱塞佩·安东尼切里的指挥下,在"大都会"

第四章 "亲爱的,你太让我高兴了"

首场演出了《丑角》中的卡尼奥,获得评论界和观众的好评。

这时圣诞节临近了,我到里维尔德里向托斯卡尼尼致节日的问候。他读了对我的首演的反映。他说:"我听说你在大都会的《丑角》演唱很成功。好样的!也许你还记得,瓦尔登戈,那次你们在我那儿聚会时我曾说过,我想教你唱法尔斯塔夫,我将这样做。我想训练能适合我的愿望演唱这部歌剧的青年歌唱家,就像和斯塔比莱做的那样。"后来他谈到《奥赛罗》的表演,他听了由他的儿子录制的唱片,他说一切都很好,甚至合唱也唱得很出色。

"你只要想想,几乎全部由外国人组成的合唱队唱得多么好!乐队也很棒,你也知道,《奥赛罗》的总谱中有多少难点啊。甚至低音大提琴的音准都很好。我简直是太满意了。至于你们,歌唱家,你们都处在高水平上。我的良心对威尔第来说是无愧的,因为我做了我能做的一切。遗憾的是,完美是不存在的。但我要再说一次,你们唱得非常好。

"应当补充的是,我不记得有什么时候《Ave Maria》和《楊柳之歌》唱得比这次更好。涅丽的这个角色十分优秀。这段音乐看似轻巧,但是如果坦率地说,这些 D 是很困难的……你想想,威尔第在这首《楊柳之歌》中写了三个 piano,许多女高音在这里都被难倒了。你和维内都很年轻。我懂得在观众面前是怎么回事……而在音乐会上表演更加困难,因为不能活动。"

托斯卡尼尼夸奖了我的《饮酒歌》的表演。

"亲爱的,你太让我高兴了!这些下行半音音阶简直唱得太妙了!《梦》也如此。你还记得,为了那一段,我几乎逼得你发疯啦!……"

"哪一段?"我惊奇地说。

"你是知道的,别装了!"大师大声说:"那六个八分音符的 staccato:'Questa è una ragna, dove il tuo cor, casca……'"

当我离开时，托斯卡尼尼送我到门口，再次提到《法尔斯塔夫》。

"我想教你唱法尔斯塔夫，还因为我想在我离世前，再次在布赛托指挥这部歌剧。但是暂时不要告诉别人，这是我最后的愿望。"

成功的结果立刻直接显现在我的事业上。一次，NBC的副总经理罗雅尔先生请我到他那儿去，他说："亲爱的瓦尔登戈，我们决定与您签订五年电视演出的合同，这对您来说是一件崭新的事，但我想是很有意思的事：您要每周准备一套新曲目。我给您一周考虑的时间。"

我对妻子讲了这件事。关于收入方面还不很清楚，我也不知道怎么办，电视还仅仅处于发展阶段。我决定去征求大师的意见，因为我明白，为此要放弃剧院。

我清晰地记得这个场景。大师以我们习惯的姿势站立着，思考着，用大拇指捋着嘴唇……他沉默了片刻，随后缓慢地说：

"我能对你说什么呢，我亲爱的？我当然不知道这个匣子为艺术会产生什么……我不否认，电视，这是惊人的发明，但它是冷冰冰的。在你通过电视看某部轻歌剧或演出之后，在你的心灵里会留下什么呢？什么也没有。短暂的印象，这就是一切。剧院不是这样。我们的艺术，不是为电视的。我们的艺术要求热情，生命……在这一方面广播要好得多。因为当你闭着眼睛欣赏音乐的时候，你在你自己的想象中创造其余的一切。"

大师继续说："如果你在内心深处是一个艺术家，你就不要同意。如果相反，你想挣钱，那就放弃艺术，立刻接受邀请。当然，在这种情况下，最好你不要费劲再到我这里来了。"

对大师来说，在艺术中没有妥协。

我没有接受罗雅尔先生的建议，我记得他对我说："我的孩子，你拒绝了珍宝。"

第五章 电视《阿伊达》

在整个 1948 年,大师在 NBC 有很多音乐会,他怎么也没有可能从事他所喜爱的歌剧。

我经常到利维尔德里去看他,征求他对我将要演唱的每一部歌剧的建议。托斯卡尼尼永远都很友好、慷慨,和我分享他与生俱来的天才和丰富的经验所带给他的宝贵的智慧。他的建议既有关我需要准备的歌剧,也有关表演,总之是一切。

我请他帮我准备《弄臣》,在这里,他的意见的细致和准确也使我震惊。那些曾经在他的指导下唱过的人都明白,他多么善于"塑造"歌唱家。

1948 年底,托斯卡尼尼邀请我和妻子到他那里去参加盛大的新年晚宴,我们和他谈得很多。他说,"今年我们将排演歌剧。我对音乐会已经厌倦了,你来看我吧。我想和你、比约林(Bjorling,Jussi,1911-1960,瑞典男高音)、涅丽和莫斯孔纳准备《阿伊达》。"

我说:"这个比约林有多么出色的嗓子,是位多么优秀的歌唱家呀,是这样吗,大师?"

他回答说:"我早就想指挥一部由比约林演唱男高音角色的歌剧。此外,他有很好的呼吸基础,极其完美的放送。许多歌唱家本应当向他学习。"

我说:"我以为,另外一位男高音贾·皮尔斯也有很好的呼吸。对他您有什么看法?"

"皮尔斯也可以和佩尔蒂莱相比。我亲爱的,这是那种你可以永远完全信赖的歌唱家,他们永远不会使你失望!"他又说:"皮尔斯的嗓音虽然不像比约林那样热情(比约林是瑞典人,但他的嗓音,我要说,像拉丁人),但是他如此富有音乐感,也可以称他为一流的歌唱家。"

"可耻!耻辱!"

过了一段时间,我原以为托斯卡尼尼已改变了他关于歌剧的想法,突然有一天我正在"大都会"排练时,瓦尔特给我来电话,他说,大师13时在NBC等我,他有急事找我。只要听到托斯卡尼尼的名字我会立刻激动起来。

那天我正在和弗利茨·拉依内尔排练,他同意我提前半小时离开,我不愿迟到,我知道大师总是很准时的。

从未到过纽约的读者无法想象高峰时刻出行是怎么回事。我记得当时我没找到出租车,我匆忙吞食了三明治和咖啡,徒步跑去。爬上NBC的8楼,气喘吁吁地进入大师的工作室,向他致意。他单刀直入地直接谈正题。

"你唱过《阿伊达》?"

"是。"我回答说。

"和谁?"

"和很多指挥,亲爱的大师,我甚至不记得有多少……"

"那你唱唱吧。"

他弹了第二幕中俘虏出场的前几小节,我尽力唱了。在这样匆忙地奔跑和吞食三明治之后,我神情慌乱,不难想象,在这种情况下我会唱得怎样。越往下,大师的脸色越阴沉,但我没停下来,我期望他自己会很快中止这一切……当我唱到"Rivedrai le foreste imbalsamate"这一句时,看来托斯卡尼尼认为已经够了,

第五章　电视《阿伊达》

他停了下来。他长时间地凝视着我，很生气，好像打算把我扔出门外，随后大吼起来："你堕落了！你漂亮的嗓音、你的呼吸、色彩、曾经那么清晰的吐字到哪里去了？你全都扔掉了！"

托斯卡尼尼这些严厉的话弄得我无地自容，我呆若木鸡地站在那里，不知道说什么。

后来他继续说："因为你在'大都会'唱，你狂妄自大到极点。好样的，什么也不用说了！你对这一切会懊悔的！"

我很理解大师，我知道，在这种时候最好是沉默，不要反驳。我本想离开，但他猜到了我的想法，他走到门旁，锁上门，说："不，这还没完！我来告诉你！你知道我要做什么吗？我让你到《阿伊达》剧组来，和你签合同，然后把你撵走，让你在全世界面前丢脸……你还想怎么样！还想干什么蠢事！你说，你和谁唱了《阿伊达》？……难道你不知道'Ma tu re, tu signore possente'这个句子要用半声唱，难道你不懂这个？你不知道，二重唱前的宣叙调不能喊叫，而要像父亲一样地去唱？……可耻！耻辱！"

不知道亲爱的大师把"耻辱！"这个字重复了多少次，看来不会完结。终于他不说话了，他摘下眼镜，大声说："太糟了！"——坐到沙发上。

请求进来的瓦尔特中止了持续的沉默，我给他打开门。他走进来，看到我们"被扭曲了的"面孔，惊讶地说："你们怎么啦？"

我鼓起勇气说："亲爱的瓦尔特先生，您的父亲要见我。我从'大都会'飞奔而来，匆匆忙忙吃了一点三明治和一杯咖啡。我刚赶到，他就让我唱《阿伊达》，后来就生气了，说我唱的完全不是《阿伊达》！"

我无法再控制我的激动和内心的不平，我对大师说："亲爱的大师，我很遗憾，但我再也不会到您这儿来了，因为我不想让我的心在这里被撕碎了。再见吧。"我飞快地从工作室逃走。

回到家，我把一切都告诉了娜涅塔，对她描述了托斯卡尼尼大师如何对待我。

那时我们住在"安索尼亚"酒店,在那里我结识了男中音朱塞佩·达尼塞(Danise, Giuseppe, 1883 – 1963,意大利男中音歌唱家)。娜涅塔不知如何安慰我,她给他打了电话。他很快来到我们这里,关切地问:"发生了什么事?"

我对他述说了一切,而这位在戏剧界有丰富经验的人让我相信,托斯卡尼尼会再找我,一切都会好起来。他又说:"明天到我那儿去,我们看看你的《阿伊达》唱得怎么样,为什么托斯卡尼尼如此生气。"

"皮埃蒙特的顽固分子"

第二天我到达尼塞那儿去,他仔细听了我的唱。在我唱完之后他说:"你看,瓦尔登戈,托斯卡尼尼是对的,这不是他所需要的《阿伊达》。"

达尼塞是位善良豁达的人,他用几天时间和我练习了整个角色,他让我做了依他看大师应当会满意的一切。

过了一周。我完全平静下来,毫不怀疑,托斯卡尼尼再也不会想起我了。突然电话铃声响起:瓦尔特通知我,大师明天等我一起练习《阿伊达》。

排练就在NBC的那个工作室进行。走近门旁,我不敢进去。看到从工作室出来的瓦尔特,我问他:"大师怎么样,是在生气还是没事?"

他拍拍我的肩膀说:"去吧,去吧,别害怕!该挨骂就挨吧!"

瓦尔特对我们唱歌的人总是很善良,总是尽力驯服狮子,平息风暴,至少是把我们从最凶猛的雷霆闪电中拯救出来。

我走进工作室,大师坐在沙发里。我向他问好,他热情地回答了我。涅丽刚刚结束了自己的角色,大师说:"涅丽,休息一会儿,我想听听这个阿莫纳斯罗。"

我按达尼塞为我准备的唱了整个角色。托斯卡尼尼没有说话。当我唱完后,大师问我:"你上次为什么不这样唱呢?那样我就不会对你大发脾气了!难道你不懂得用半声唱'Ma tu re, tu signore possente'这个句子,而不是像那个时候那样叫喊,听起来要悦耳得多?"

"是的,大师,您是对的。"我低声喃喃地说。

"对的,对的,但你没有那样唱,你让我生气了。"他嘟哝着说。

和这样一位要求极高的人排练,这就是说,必须一遍又一遍地从头再来。他永远也不会满足,因为他永远都要求达到他的内心目光所想象、但却无论如何也达不到的尽善尽美。

终于有一天大师满意了。他说:"乐队在这里是 pianissimo。如果你看总谱,你会发现,威尔第在这里写了四个 p,也就是说比 pianissimo 还要轻。这就是说男中音在这里不能喊叫,而要唱得很柔和,就像你刚刚唱的那样。"

又一次,我唱到阿莫纳斯罗这样的句子:"Se l'amor della patria è delitto, siam rei tutti, siam pronti a morir"。我陶醉着,在"patria(祖国)"这个字上加强音量做了一个重音。大师打断了我:"不要在'祖国'这个字上这样用力。"

看着他,在他的眼中,我读到了痛苦的感情……

虽然阿莫纳斯罗这个角色不大,不像《奥赛罗》中的雅戈那么复杂,大师仍然能把他变成一个大角色。没有任何一个地方,他不会为我标出声调、音色、表情。他经常重复说:"亲爱的,要记住,威尔第在阿莫纳斯罗身上看到的与其说是战士,不如说是位父亲。所有他的句子,除了'Non sei mia figlia, dei faraoni tu sei la schiava',都应当很柔和。"

有一次我在这个句子上把一个音比他想要的延长了一些，大师立刻打断了我："你是（埃塞俄比亚的）吉吉加人，别的什么也不是！"

我说："您知道吗，大师，我感到我这个音唱得很好，所以我拖长了。"

他看了看我说："我来唱阿莫纳斯罗，我会唱得更好！"

我说："您唱，我来指挥。"

我想，在这样脱口而出的话之后，大师一定会像往常那样呵斥我，但一切都没发生，他笑了："算了，拿你真没有办法，皮埃蒙特（意大利地名，瓦尔登戈的家乡——译者）的顽固分子！"

又一次，我在"Suo padre..."这个句子上把 A 音拖得过长，而且放声唱，大师立刻制止了我，说："如果埃塞俄比亚国王是一个像你这样的吉吉加人，他们所有的人都会被吓跑，你就会变成一个孤家寡人。"

我也禁不住笑起来。他说："顺便说说，这儿没什么可笑的。"

托斯卡尼尼没能请到比约林参加《阿伊达》的工作，他请到了理查·塔克尔。有一次我听见他对男中音德·鲁卡谈起他。

"你知道吗，德·鲁卡，这个塔克尔是一位优秀的、结实的男高音，而且他和皮尔斯一样，意大利语好极了。"

后来塔克尔来参加排练，不知为何，他带来了自己的老师。他来到工作室时有些放肆，大师当然对此很不满意。这时我唱了，他的情绪立刻影响到我，一切被搞糟了。我停下来说："大师，我知道，您生他们的气，而倒霉的是我。"

他回答说："完全对，我要排解我的郁闷，用意大利语要容易得多……"

塔克尔和他的老师面面相觑，但他们不懂语言，他们以为，托斯卡尼尼不知为什么事在骂我。看看他们的面孔，实在太可笑了！

顺便说说，大师认为，他就此找到了一个能发泄自己愤怒的好方法……我成了他们的替罪羊！但是更经常的是我也不忍气吞声，于是他会对我更加厉害。在他失去控制时，他要使自己的神经放松，在这样的爆发之后，他会很快平静下来，安静之后，他又会像从前一样成为善良温和的人。

惊人的记忆力

谁若不是很了解托斯卡尼尼，他就很难想象这个人胸怀之宽广和无比的善良，他对艺术是如此不可调和的严谨，在生活中是如此富有人情味。当然在他指挥时，不管是谁，他都奖惩分明，有时很粗鲁，尖刻，该是谁的就是谁的；但是一旦排练结束，即使排练时似疾风暴雨，他也会像从前一样，不会对任何人不友好，永远准备着帮助别人，乐意和每一个人保持良好关系。

有一位参加托斯卡尼尼乐团巡演的乐手告诉我，有一次他发现他的乐器的一个音键坏了。怎么办？这是个星期日，所有的乐器商店都不开门。只有一个办法，去找托斯卡尼尼，对他说，没法演奏了。他就这样去了。大师反复问他，到底是哪个音键坏了，这是一个降 b。他想了想对乐手说："你这个调皮鬼，去吧，没什么可担心的。你整个晚上将不会有一个降 b，你能参加演奏。但你自己一定要弄清楚！"

托斯卡尼尼"默念了"整个声部，给了十分准确的回答。

一次，他来为乐队排练时，我发现，一名优秀的乐手无论如何也奏不好一个短句。托斯卡尼尼生气了："我尊敬的，你这个地方从来都奏得很好，我们演奏过上百次，你再试试。"

毫无办法，短句仍然奏不好，几小节之后，错误重复。

休息时托斯卡尼尼把乐手请到自己的办公室，对他说了下面的话："你听着，我不能把这首曲子从节目单中去掉。因此请告诉我，出了什么事，是身体不舒服，不能演奏？什么也别担心。"

乐手做到了，一切都很好，谁也没发现什么。托斯卡尼尼曾在乐队演奏过，十分理解这样的事。他不想使乐手神经紧张，不要因为某种微不足道的小事使他受到公众的责难。艺术家的心灵是高尚的，是充满责任感的！

原则性和准确性

每年，这个或那个美国的大公司都要送给大师豪华的轿车，他对我说："你知道，亲爱的，以前的轿车有台阶，你坐进去不会碰头，甚至可以戴着帽子，但是现在不行，一切都被这个时髦破坏了！"

常常在NBC排练之后，大师请我乘他的汽车，把我带到我所下榻的"安索尼亚"酒店。在路上他给我继续指点和建议，问我在"大都会"的排练。我玩笑地称"安索尼亚"酒店为"英索尼亚"（意大利语为无眠的意思）。因为在这个酒店住着许多歌唱家，他们的歌声常常会妨碍入睡。大师笑了。当我们到达酒店时，他和我告别说："你的'无眠'酒店到了！"

我有一个习惯，在NBC排练开始之前，坐在托斯卡尼尼办公室的钢琴旁，先唱唱练声曲。当大师进来时，我赶紧站起来，而他总是说："练吧，练吧！"

有一次他说："我觉得，坐在琴旁，自己弹琴，这样唱练声曲不是很好，因为脑子里同时要想很多事，这不会有任何好处。你弹一个你需要的和弦，站着唱，然后唱句子，脑子里只想这个句子，不再想别的。只要有一点点分心，这个音就唱不好。"大师强调说："脑子要控制一切，没有这个噪音就一钱不值。"

一次排练时我到得比较早，我来到大师的办公室，他正在弹《梦游女》中的咏叹调"Ah, non credea mirar……"。

"多么美妙的音乐啊！"他继续弹着感叹地说："你知道，排练了整整一个星期的瓦格纳之后来点贝里尼,——立刻一切恢复正常!……"

头一天晚上大师指挥了 NBC 的瓦格纳音乐会。

托斯卡尼尼总是比规定时间早得多来到排练场,也严格要求歌唱者准时到场。只要时间到了,他会看着表,如果有人迟到,他会公开表示自己的不满:"他一定会找个理由,什么堵车,或其它什么原因……"

我有一次也迟到了——闯了红灯,警察罚了我,我给大师看了两美元的罚款单,他说:"当然,这是个理由,但是如果你按时离开家,你就没有必要闯红灯,你也就不会迟到,不是这样吗?"他还说:"要使歌唱家成为有准确性的人,唯一的办法就是——让他们挨罚款,因为通常这些人……你试试只要碰碰他们的钱袋!"

在音乐会上,每当遇到需要克服某个困难点时,托斯卡尼尼会精力集中地看着我们,仿佛要把自己的思想和感情的全部力量都激发起来。在这一时刻,我们的确感到,好像有一种精神流质从他身上传给我们。至于我,在这一瞬间我清晰地意识到,大师善于让我做到必需的一切。因为我永远相信,在托斯卡尼尼的指导下,我不可能出故障——他带领着我,一切都会很好。这种感觉使我平静,有助于克服最困难的段落。

大师对于吐字要求十分严格,要求咬字清晰,准确。他能 20、30 次地强迫我重复同一个字,为我的老毛病——不能清楚地发 R 这个字母而发脾气。

他说:"你看,如果在'querra'(战争)这个字上字母 r 不清楚,不肯定,就会失去准确的意义。如果这个字强调出来,加强它,就会变得更严峻,更有力,你将把它的真正意义传达出来。"

服务于艺术

当大师看到某个歌唱家或指挥家获得成功时,他总是非常高兴。当"胜利"公司出版了由我的好友、都灵人连纳托·切里尼大师指挥的《游吟诗人》的唱片时,他立刻告诉我:"我亲爱的,你知道吗,我听了你都灵的朋友指挥的《游吟诗人》的唱片……对,对,那个在'莱乔'剧院和我合作过的导演的儿子。这是一位出色的指挥,他录的《游吟诗人》很好。他找到了怎样的管弦乐色彩……怎样的速度……太棒了!"

关于他还在意大利时从广播中听过的莫里纳利·普拉德里,他对我说:"我听了一个年轻的指挥,很有才能,我相信,他会有辉煌的前程。叫什么莫里纳利,好像他还有第二个叫法儿……"

我提醒说:"普拉德里。"

"对,对,就是他,我非常喜欢他的激情,是一个很懂行的指挥。没有什么可说的,我亲爱的,指挥就是这样产生的。"

托斯卡尼尼善于珍惜漂亮的嗓音。一次我和他谈起莲纳塔·苔芭尔蒂(Tebaldi,Renata,1922,意大利女高音歌唱家),他说:"苔芭尔蒂的嗓音是天籁的声音,这是那种直接渗入心灵的嗓音。纯洁,明亮,光芒四射。当苔芭尔蒂歌唱时,一切变得明朗起来,好像太阳升起,散发出春天的芳香。"

我沉浸在他的话语中一时间竟说不出话来,后来我说:"我认为,大师,从您的口中说出的这些赞美的话,是对亲爱的莲纳塔可能给予的最珍贵的礼物。"

当大师听到人们把他在工作中的一丝不苟和严厉评价为刻薄、傲慢或——更糟的——残酷时,他非常难受。

他说:"你看见,我对歌唱者和乐手严厉,但你要懂得,我想要他们所有的人付出最大的可能,因为只有这样才能为艺术服务。你知道,在我和他们准备最困难的角色时,我和他们一起受煎熬,我这是为什么?!"

在重唱时大师要求清晰地听到每一个声部。他要达到表演的纯净。

第五章 电视《阿伊达》

关于托斯卡尼尼传奇般的听觉，我想讲一个有趣的故事，它发生在我参与的一次排练中。

那时我还在"大都会"唱——（除了 NBC），自然，我想尽量在某个地方，特别是在重唱时节省嗓子，我唱得很轻，希望大师不要发现我的取巧。当《阿伊达》第二幕结尾和乐队及合唱的排练结束之后，我正准备走，突然大师把我叫住了，对我说：

"明天再排结尾时，请你用 forte 唱，不要在那儿假装唱，你要记住，我不想让人们公开骂我。"

在"大都会"，我在弗利茨·拉依内拉担任指挥的《法尔斯塔夫》中唱福尔德。托斯卡尼尼在听了广播电台的转播后说："好样的，我喜欢你的唱……只是因为你和赫洛·艾尔莫是按威尔第样式唱的。福尔德这个角色在声乐上很难，很复杂，而咏叹调'这是梦还是白日'是最主要的段落，它在结尾时可以得到很大成功。"

这里大师指出，任何时候都不要轻视结尾，因为它在广大观众的心目中会得到特殊的成功。托斯卡尼尼举了一位著名男高音的例子，他常常走调，但他善于如此有效果地结束歌剧，所有人都忘了他前面的不足。

"比如说在《游吟诗人》中，你可以在第二幕唱咏叹调'Il balen del suo sorriso'时展示你的才能，它要求特别的技巧。但是如果你结尾唱得不好，你就会失败。"

"多么可怕，我亲爱的！"

每星期六 14 时，电台都要转播"大都会"的某部歌剧，大师常常听这些转播。当我星期一去他那儿排练时，他会立刻对我谈他的印象。有一次转播的歌剧中有我唱，我刚迈进他的办公室，他立刻急切地对我说：

"你过来，过来，你告诉我，你们这些不幸的人，你们怎么能在这个指挥的这种速度下唱呢？他怎么不明白，音乐——这完全不干他的事！多么可怕，我亲爱的！……将如何结束？只有天知道。"

我试图向他解释，问题大概出在转播效果不好，但他更生气了，他反驳说："也许问题出在这里，就像你想愚弄我的，但是速度，广播是不能改变速度的。"

《阿伊达》的排练还在继续，大师让我每天都重复整个角色，所有其他歌唱家也要准确地重复自己的角色。嗓子已经如此习惯于角色，好像他已成为第二个我。

一次大师把我们所有的人集合在一起说："孩子们，再过几天就要转播《阿伊达》，事情要接近尾声了，因此，是到结束错误变得聪明的时候了。如果你们有什么困难，可以告诉我。"那天他对排练很满意。从指挥台上下来时，他绊了一下，跌倒了。我惊吓地向他扑过去要帮助他，可是他推开我，自己站了起来。

他气冲冲地说："怎么样！虽然我已经82岁了，我还能自己站起来！"

一次大师面色阴沉地来到工作室，显然等待我们的不会有什么好事。我悄悄对站在我身旁的涅丽说："今天将有风暴！"

她回答说："皮诺，想点什么办法，要不然我们都要倒霉！"

于是我面带微笑走近大师，我说："大师，昨天晚上我们看了自由式摔跤，我们看到冠军安东尼奥·罗卡是怎么对付那个大个子的，——只出了几手！（托斯卡尼尼是自由式摔跤、古典摔跤和拳击的爱好者，他懂得所有的规则和狡猾之处。）"

托斯卡尼尼看了看我，也许他想说叫我让他安静一会儿，但听到我说摔跤，他忍不住说："你看见这个罗卡怎么跳跃吗？太灵活了！他简直是太棒了，特别是他的脚，谁也不能和他相比。"

于是我说:"大师,也许您和我们试试?"

他惊讶地看着我,然后说:"我们试试?对,对,现在我来告诉你,我会做什么!你给我唱,可爱的阿莫纳斯罗如何出场。"

我遭到还击,但大师笑了,我们大家都满意了。排练进行得非常顺利,而大师在大家的欢乐中又恢复了好心情。

当大师情绪好时,我常常请他讲一些他生活中的趣事。他会发牢骚说:"还有什么可对你讲的!……"但每一次他最终都满足了我的请求。

只有一个《露琪亚》

在男中音歌唱家朱塞佩·达尼斯那里我听了男高音斯塔尼奥,我问大师,他在他的演出中唱过吗?他真的是有一副很出色的嗓子吗?

大师笑了笑,讲了下面有趣的故事。

"按合同,我应当在贝加莫·多尼采蒂剧院的演出季担任指挥。第二部歌剧是《拉梅穆尔的露琪亚》,由意大利女高音杰玛·贝林乔尼(Bellingcioni, Gemma, 1864-1950)和他的丈夫、男高音罗贝尔托·斯塔尼奥演唱。排练开始时我在大厅里等候歌唱演员。两位名人若无其事地整整迟到了半小时才来到排练厅。斯塔尼奥舒舒服服地坐在沙发里,手执带有银质手把的红木高级手杖,说:'如果我没有弄错的话,您是托斯卡尼尼大师?关于您我听过那么多好话。'我点了点头。随后他又用他那带有特殊西西里口音的话继续说:'大师,请告诉我,您需要怎样的露琪亚——现代风格的还是古老样式的?'"

托斯卡尼尼摸摸胡子,笑着继续说:"我呢,我亲爱的瓦尔登戈,只知道一个露琪亚,那就是多尼采蒂写的那一个……我有点紧张,我想,这个男高音知道两个露琪亚,而我只知道一个……我回答说:'斯塔尼奥先生,请原谅,我要出去一下。'我走出去,匆忙下楼,找到剧院经理,对他说:'您听我说,请您另找指挥吧,我不指挥这样的露琪亚。他知道两个露琪亚,而我只知道一个,就是多尼采蒂写的那一个。'然后我就走了。代替我指挥的是合唱指挥艾拉克里奥·杰尔贝拉。我始终不知道,那时表演的到底是哪个露琪亚。"

我问大师,斯塔尼奥所讲的现代风格和古老样式的露琪亚到底指的是什么呢?

大师解释说:"古老样式的'露琪亚',通常是按歌唱者的愿望,在表演时加上一些炫技的东西,超高音和变奏。总之,和原谱相比有很多改变。后来所有这些变化都被去掉了。斯塔尼奥想知道的正是这个。"托斯卡尼尼结束说:"而我立刻就明白了他的意思。我需要的是多尼采蒂写的那个《露琪亚》,不允许有任何任意的附加物。我没有任何犹豫,当机立断地摆脱了这位令人不快的超级明星。"

在我的日记里,记载着托斯卡尼尼一条最珍贵的建议(1949年3月22日)。他指出,歌唱者在舞台上一定要找到正确的位置,使得观众能更好地听见他。

他准确的话是这样的:"我亲爱的,你要记住,你站在舞台上唱时,一定要站在弦乐声部的那一方。比起处在舞台另一端的铜管来,你的声音更容易克服弦乐的屏障。永远要对着观众唱。往往由于冲着侧幕唱的坏习惯而听不到歌唱者的声音。"

在谈到《奥赛罗》中的"信经"(credo)时他说:"在结束'信经'时,要尽量站在面向观众的舞台的右方,这样观众能更好地听见你。不要去理睬导演,遗憾的是他们常常不明白这些事。只有这样,在这个结尾时人们才会听见你,因为威尔第在这里为了效果,让整个乐队以 fortissimo 结束。"托斯卡尼尼继续说:"如果像我说的那样去做,《安德列·谢里埃》中男中音第一首咏叹调结尾的升 F 听起来会好得多。否则，在小号、长号及其它乐器的轰鸣中，要整整 10 个男中音才能勉强听到一点声音。许多歌唱者的错误是转过身冲着他的对手唱。这完全没有必要，因为向对手做个手势就足够了，而这时一定要对着观众唱。"

大师特别不能容忍歌唱者在台上做过多的手势。他讲了帕尔玛的一个男高音有趣的故事。他在唱《卡门》中的咏叹调时，总是一会儿抬起左手，一会儿抬起右手，有一位观众甚至大声喊道："哎，男高音，你是在量屁股上尾巴的长度吗？"关于在舞台上习惯做很多动作的事，大师想起了伟大的卡鲁索。或者是由于自己的热情，或者是由于从来没有人敢于提醒，在《卡门》的最后一幕，他激动得在台上跑来跑去，但却不能使观众信服，如果他不这么慌乱，也许会更成功。

"在指挥《卡门》时，我发现了这个，我对他建议说：恩利科，如果想使最后的二重唱达到更好的效果，你上台之后，站住不要动，采取被痛苦击倒的姿势，垂下双手，用心不在焉的眼神看着必将死亡的人，在没唱'Minacciarti non vo, t'imploro...'这个句子之前，就一直这样站着。下一场演出时，他按照我的建议唱，场景产生如此戏剧性的力量，简直可怕极了。观众由于这个悲惨的木然神情而惊呆了……"

我对大师说，歌唱者有时动作过多是由于紧张。他回答说："神经紧张的人应当待在家里……"然后他笑了。

总是很可怕

1949 年 3 月 26 日和 4 月 2 日，电视转播了《阿伊达》。人们不仅能聆听大师，还能在电视屏幕上见到他。在这里我想引用发表在 1949 年 5 月 1 日《圣路易报》上评论家托马斯·舍尔曼的评语："在电视屏幕上看到托斯卡尼尼——这是带给音乐爱好者的最愉快的事。他们能看到伟大的意大利大师指挥时的样子，在以前，这只是那些能在 NBC 出席他的音乐会的人的特权。大师每一个如数学般准确的手势表明他要求表演者的是什么，而左手在必要的瞬间终止小节、句子或和弦，好像刀劈一般。"

在这个值得纪念的晚上参加表演的是：

阿伊达——艾尔瓦·涅丽
阿姆内利斯——艾瓦·古斯塔弗松
拉达梅斯——理查·塔克尔
阿莫纳斯罗——朱塞佩·瓦尔登戈
法拉恩——登尼斯·哈尔堡
拉姆菲斯——诺尔曼·斯科特
使者——维吉尼奥·阿桑德利
妓女——杰里查·斯吉奇·连德尔
合唱指挥——罗伯特·绍
艺术指导——迪克·马尔佐洛

NBC 在转播后统计，除了听广播的人以外，至少有 1000 万人看了这次电视转播。那时在美国有 320 万台电视机。

在这次转播开始前，大师把我招呼过去，他凝视着我的眼睛，问我："你有点害怕？亲爱的。"

我回答说："不害怕，但有些担心，这倒是对的。"

他压低声音说："难道你不知道，害怕和恐惧是一对姐妹？站在你面前的老头子已经害怕了 60 多年……但是却尽量掩饰自己的恐惧，不让任何人发现！如果乐队感觉到我害怕，那会发生什么呢？你知道我怎么排除恐惧吗？我变成凶狠的人……你要相信，这很费力……聆听过我的成千上万的人当中不会有人想到，在那么多年之后，我还会害怕观众……但是显然，你的名声越

第五章 电视《阿伊达》

大,你越害怕。"

在面向观众之前,大师总是让我们先走,友好地拍拍我们的肩膀。然后他停一会儿,集中精力,坚定地、充满信心地走上舞台。

在这次转播时,大师站在指挥台上面对着我们,有些许不安,因为光线太强,对我们有些干扰,他有眼疾。我记得他对这种困境有些抱怨,但遗憾的是没有办法解决。

美国电视台坚持要我们的面孔上有些色彩,当我们正在化妆时,大师看见我们干这件事:"这是干什么?!你们在脸上涂这种脏东西?他们是不是疯了,他们是不是也要我干这种事!"

直到化妆的威胁过去之后,他才同意上台。

演出很出色,音乐会非常成功。第二天,美国的报纸争先恐后地赞美大师给观众带来这样巨大的、不能忘怀的印象。报刊强调,这次演出正逢大师的生日(他的82寿辰)。他们还回忆起1886年6月25日,年轻的托斯卡尼尼第一次作为指挥,在里约热内卢首次演出了这部歌剧,征服了苛求的观众,正是从这时起开始了他惊人的崛起。

这个值得纪念的事是这样的。1886年6月25日,应当在里约热内卢的帝国剧院演出《阿伊达》,托斯卡尼尼是莱昂波尔德·米格斯担任指挥的乐队队员。观众席已坐满了观众。由于观众过分露骨地表达了对米格斯的不满,他拒绝指挥。为了挽救僵局,剧团起先让第二指挥,后来又让合唱指挥上台。但由于观众反对的呼声,他们二人不得不离开指挥台。演出面临夭折,观众继续骚动,突然有一位乐手高喊:"托斯卡尼尼已经把《阿伊达》背得滚瓜烂熟了……让他指挥吧!"大家都赞成这个建议,把惊慌失措的托斯卡尼尼推到了指挥台上。观众安静下来,惊讶地、好奇地看见一个消瘦、十分年轻的身影,那时托斯卡尼尼刚满18岁。当人们看见他合上总谱,像一位熟练的指挥家,坚定地带领乐队开始奏序曲时,人们更加惊叹不已。音乐在他的指挥棒下生机勃勃，激动人心，令人折服！这简直是凯旋！

欧林·道恩斯在《纽约时报》上写道："这次歌剧在电视台的表演，没有布景，用音乐会的形式，虽然如此，却唤起了听众强烈的震撼，仿佛这是真正的戏剧演出。我认为，这次演出的强力和热情是非同寻常的……"

路易·比扬科里在《电讯》中写道："演出以惊人的、不可遏制的速度进行着，证明了刚刚度过82岁的这位指挥不可超越的青春活力。所有关于托斯卡尼尼大师已近黄昏的谈论都被中止了。所有赞美托斯卡尼尼大师的口号应该是：'由于音乐你永远年轻！'"

伊尔文格·科洛丁在《纽约太阳报》上写道："年轻人放弃了大提琴，在1886年指挥了《阿伊达》，他现在再次在NBC指挥了这部歌剧，向全世界转播了这场演出。丝毫未感觉到年龄的重负，有着辉煌经历的阿尔图罗·托斯卡尼尼表明，对于后来表演这部歌剧的人来说，这次演出将成为最骇世惊俗的典范。"

这次转播后来被制成一部出色的电影。

第六章　法尔斯塔夫——胖子和酒鬼

1949年7月我在伦敦录制唱片，像往常一样，我和大师及瓦尔特·托斯卡尼尼有书信往来。瓦尔特在1949年7月25日的信中提醒我，我曾向大师允诺要练会法尔斯搭夫。在去纽约前我在热那亚耽搁了一些时间，突然得知，大师也在这里，也准备去美国。我立刻和娜涅塔去到大师下榻的"哥伦布"酒店。他见到我立即问："你看了《法尔斯搭夫》的总谱吗？我希望你看了。"

唉呀！我还没有练法尔斯塔夫，因为我以为福特更适合我，这个角色我在"大都会"已经成功地演出过了。

我只好用撒慌来拯救自己："大师，我准备了第一幕。"

他说："好，我们到纽约之后，你马上到我那儿来，我们立刻开始准备角色。"

大师乘"大西洋"号轮船，而我们乘的是"火神"号。到纽约后，瓦尔特立即给我电话，说大师想尽快见到我，他要知道，我到底什么时候能去他那里。而我甚至还没有找到《法尔斯塔夫》的总谱，我又不想毫无准备地去见大师。因此我回答说，我还要出一趟门，两个星期以后回纽约，到时我会立刻打电话给他。

达尼塞的课

这样我就赢得了一定的时间哪怕只看看第一幕。我立即和男中音朱塞佩·达尼塞讲好，请他来教我，帮助我进入角色。达尼塞很善良，很宽容，他明白一切，他说："来吧，我的孩子，我们马上开始！"

第二天，他从分析莎士比亚的人物性格开始。应当说，起初我对这个胖子角色完全不喜欢，我不止一次想拒绝这个角色。但是随着课程的进程，一天又一天，角色成熟了，开始带来某种满足。达尼塞一句句地教我，他说："你看，这个地方托斯卡尼尼想这样表现。"

每天我们练3个小时，有时4个小时，一个又一个短句，一个又一个经过句。达尼塞是那种在任何时候、在任何事情面前都不会退缩的人。他有坚定的性格，学识渊博，有优秀的发声方法，他能解决所有问题。

一次，为了使我有信心把法尔斯塔夫准备好，他请来钢琴家，杰出的伴奏家帕斯夸勒·雷西尼奥为我伴奏，我们把整个第一幕录成带子，我一直把它保存至今。

当我们听了录音后，我已没有任何疑惑，我对达尼塞说："现在我明白了，托斯卡尼尼是对的，法尔斯塔夫是我的角色，我要唱他。"

这里我要特别感谢无比尊敬的男中音歌唱家朱塞佩·达尼塞。从我第一天有幸结识他起，他对我付出了如此之多的关怀和友好情意，后来他始终如父亲般关注我，关心我的嗓子、吐字、表情。我记得我如何张大着嘴，听这位亲切和蔼、令人尊敬、我称之为佩皮诺叔叔的指教。

达尼塞解决了我的问题。后来，当我从托斯卡尼尼那里练习回来，为某个失败的句子而懊恼时，他会安慰我，给我送来愉悦的诗歌，驱散我的坏心情。我也回送给他诗歌……

在我挤出时间准备法尔斯塔夫刚刚两周，托斯卡尼尼给我的电话铃声就响了。大师正等着听我唱。

现在我又再次和大师单独坐在我所熟悉的利维尔德里别墅的

第六章　法尔斯塔夫——胖子和酒鬼

工作室里,我曾在这里准备了《奥赛罗》中的雅戈和《阿伊达》中的阿蒙纳斯罗。

大师坐到钢琴旁,弹了《法尔斯塔夫》第一幕的序曲。

我兴致勃勃地唱了整个第一幕。在 "Io son di sir John Falstaff" 的假声(farsetto)之后,托斯卡尼尼突然从钢琴旁站起来。我不安地想:"怎么啦?他不满意什么?"大师迅速地走向门旁,高兴地叫卡尔拉夫人:

"卡尔拉,你来,快来,我们的瓦尔登戈终于弄明白了!你听听,他的这个假声唱得怎么样?还没有一个人像他这样把它唱得这样好,这样清晰、纯净、透明!"他又转身对我说:"好样的!终于弄明白了!现在马上就看出来,你认真地练习了。好样的,好样的。我非常满意。"

他什么也没说,异常高兴地凝视了我好一会儿,但是后来,他的话使我头脑发昏,我好像被吓坏了,他说:"但是你要注意,你现在唱的还不是法尔斯塔夫!但你会唱好他,只是要练习,不要仓促行事,遗憾的是,你习惯于此……"

我听着他,暗自想:大师不知道,为了这个胖子法尔斯塔夫,我夜不成寐,为了这个角色,我绞尽了脑汁。

托斯卡尼尼的秘书、尊贵的玛尔格丽塔·德薇吉听到托斯卡尼尼的赞美声来到工作室,她对我很热情,当我大胆地回答大师时,她会第一个揪我的耳朵……

我们又回到钢琴旁,要确定一下,我是否纯属偶然唱得这么好,大师建议:"你唱得这么好,从头再来一次!"

嘴里塞满了豆角

和这两个轮子——一方是托斯卡尼尼,另一方是达尼塞——同时练习,这对我来说是巨大的、完全意想不到的幸福!但是不要以为一切都很平静、和谐，只有满足，因为他们每一位的性格……我竭尽全力，在每一个细节上监督自己，使一切都很顺利。常常我从达尼塞那里受到结结实实的训斥，到托斯卡尼尼那里，也准备被钉在十字架上！

更大的幸运是，有可能向这两位伟大的人物学很多的东西，因此我能忍受他们的羞辱、训斥和其它等等。

一次我从托斯卡尼尼那里练习之后来到达尼塞这里，我对他说，托斯卡尼尼为了一点小事训斥了我一顿，他听了以后说："大师做得很对，对你这样的皮埃蒙特顽固分子，就当如此。"

我从他那里得到的就是这个，我吓坏了，匆忙逃走。

这时我还在"大都会"演唱，在那里我也要费不少力气去克服许多困难和障碍。老实说，我和我的同事也因为许多不愉快的事，不得不经受不少痛苦的时刻！

人们一般都以为歌唱家的生活很风光、很快乐，人们往往会说："你们看，他们唱歌，他们从这里得到满足，还有大把的钱！"实际上他们愉快的时候很少，这是那些和剧院没有关系的人所不能想像的。是的，只有我们不在的地方总是很好的！……

比如说，我的一位同事，也是男中音，他是一位很重要、很有影响力的人物，这时他也在"大都会"唱，他非常不高兴托斯卡尼尼挑选像我这样一个年轻的男中音来唱《奥赛罗》和《阿伊达》。现在，当得知托斯卡尼尼打算准备《法尔斯塔夫》时，他大概以为只有他才有权唱这个角色。他费了很大的劲迫使托斯卡尼尼听听他。

大师关于这件事这样对我说："你听着，我亲爱的，我想让你乐一乐。我不得不听你在'大都会'的同事唱《法尔斯塔夫》，因为我无论如何也无法拒绝他。他来到我这里，我不得不这样做。我不再对你说这位先生的意大利语发音，也不谈他的嗓音，虽然他的声音很有力,但他不管唱什么音,始终都是给人一个印象:他嘴里塞满了豆角。你知道,他唱完之后,我谢谢了他,和他告别。"

后来他又说:"法尔斯塔夫这个角色,不是一般的角色。不能像别的任何角色那样,只要有一副好嗓子,就可以随意唱。只有那些不仅有合适的嗓音,而且有出色的吐字,——同样重要的是,——有极好的音乐感的歌唱家,才能唱这个角色。法尔斯塔夫,这是一个经典角色,不是任何一知半解的人能唱的!……"

自然,当这位男中音得知托斯卡尼尼选中我唱法尔斯塔夫时,他恼怒之极……这样一来,我的面前出现了一个凶狠的敌人,我不得不对此倍加小心。

"假如我能亲自唱这个角色"

我每天都重复《法尔斯塔夫》第一幕,因为托斯卡尼尼要求我尽可能深入地进入角色,好像真正变成这个贪吃的胖子,使他变成第二个我。

大师赋予第一幕的独白以重大意义,它的多种色彩应当在字句中表达出来。

达尼塞教我"ladri(贼)"这个字要很有表现力,这个字要念成"laderi",他认为,虽然这个元音"e"几乎不被人注意,但加上一个元音,它会使这个字更突出。两个同时出现的辅音"dr"会失去音响,失去歌唱性。托斯卡尼尼以他敏锐的听觉立刻抓住了我的这个新玩艺儿,表扬了我。

至于法尔斯塔夫这个形象,大师为我仔细地分析了所有细节。他要求我的表演尽可能真实,但他却既不是戏剧性的、又不是喜剧性的典范。他说:"法尔斯塔夫不是像很多人和很多表演者所想的那样是喜剧性人物,他所处的环境使他变成可笑的人物。他自己深信，女人喜欢他，否则他不会再次去到树林和美女们幽会。明白吗？"大师接着说："他的歌唱应当是有气无力的，甚至在很愤怒的时候，也完全不是歇斯底里的。胖人的动作一般是迟缓的，他们很慵懒，不愿意做多余的动作。甚至当法尔斯塔夫命令仆人让他和奎克林单独在一起时，他也并未提高声调，甚至没有看他们一眼。仆人，今天他们在，明天他们不在，应当感到距离。还要记住，演唱法尔斯塔夫时，你应当比乐队稍稍晚一点点进来：这一点点迟缓强调了角色的笨手笨脚……但气息永远应当是均匀的、自如的，因为没有正确的气息，bel canto 也就消失了！威尔第认为，在法尔斯塔夫这个角色中，当歌唱者很好地掌握了所有速度之后，在表演时可以有某些自由，使得能产生充足的从容不迫……当然不是可笑，不是那种你的某些同事毫无理智地玩弄的庸俗的玩笑。喜剧性就在音乐中，不需要再增加些什么。"

　　大师对我说，不管你想做什么，只要有好的嗓音，而且好像有一个内在的听觉在听自己，在心灵的深处……

　　"亲爱的，有一副好嗓子，能唱，还有什么比这个更好的呢？！……假如我能亲自唱这个角色……"

　　他说，在所有的嗓音中，他最青睐男中音，因为这是真正男人的嗓音，温暖、动人。

　　"威尔第本人是一个出色的男中音，他非常喜欢唱《茶花女》中的咏叹调：'你忘记了自己的故乡，你抛弃了亲爱的普罗旺斯，'这使他想起他自己生活的某个时期。"大师说。

　　达尼塞也给我不少有益的建议，当我从大师那儿回来，他到我的房间里来，问我练习的情况，常常说："在托斯卡尼尼的身旁，向他学习，这是非同寻常的幸福，这是上帝赐给你的。到教堂去，点上你能找到的最粗的蜡烛！"

第六章　法尔斯塔夫——胖子和酒鬼

博依托去掉了所有的"但是"

一次，托斯卡尼尼带着第一稿《法尔斯塔夫》的总谱来排练，他弹了威尔第不成功的重唱。他说，当威尔第写这首重唱的第一稿时，他没有灵感。他不喜欢它，作曲家想另外再写。但是时间过去，他依然不成功。突然，出乎人们意料之外，他带着新的重唱来到斯卡拉排练，这是在意想不到的幸运的灵感影响之下迅速写出来的。

托斯卡尼尼说，威尔第总想写一部喜歌剧，但是对《假斯塔尼斯拉夫》的回忆使他放弃了这个想法。

按照托斯卡尼尼的看法，《假斯塔尼斯拉夫》失败的原因，不在于伟大的作曲家没有能力，而在于当他写这部欢乐的歌剧的时候，他失去了妻子和两个孩子，由于这些不幸，他病倒了！

"是博依托把他的注意力再次吸引到欢乐的音乐上来，建议他写一部抒情喜剧。其中法尔斯塔夫这个人物，在《温莎的风流娘儿们》的原题材中是一个模糊不清、无精打采、苍白无力的人物，但是在博依托的脚本中他突然成为生动的、突出的、艺术上完美的人物，超过了莎士比亚本人在《亨利四世》中所创造的人物。你已经注意到，在研究总谱时，应该说，这个有趣的人虽然总是和其他人物紧密联系在一起，但他是歌剧的主导。在这低下、庸俗现实的近旁，却有着纳涅塔和芬顿纯洁的爱情，这种爱情如此纯洁、明朗、清晰，一定会给听众留下印象，把他们带到诗情画意的氛围中去。"大师这样肯定地说。

纳涅塔和芬顿的这首华美、迷人、富有人性的爱情二重唱不断重复，使喜剧的整个故事闪烁着柔和的色彩。对此，博依托于1888年7月7日在给威尔第的信中写道："纳涅塔和芬顿的这首爱情二重唱应当在歌剧中经常出现，在他们出现的所有场景中。他们应当躲在角落里柔声细语，大胆而不暴露自己。在歌剧的整个过程中，他们应当有鲜明的句子，短促、不长、狡猾的对话。这是非常愉悦的爱情，所有人都阻止它，打断他们的私语，他们不得不总是从头开始。不要忘记这些细节，我认为它会成功的。"

博依托在7月12日的第二封信中说："……我喜欢这种爱情，它有助于使整部喜剧更生动，更强烈有力。这种爱情应当自始至终活跃在各个地方，以至于它使我甚至准备放弃爱情二重唱。在每一个爱情二重唱的场景，它的出现都应有所不同……我想使这欢愉的爱情撒满整部喜剧，就好像在蛋糕上撒上糖，整体上说在什么地方也不要复制它。"

"这是博依托的杰作，不可能不吸引起初还动摇的威尔第。"大师说。

大师从保管着威尔第礼品的柜子里拿出一封威尔第信的复印件，上面注明1890年12月，寄给吉诺·蒙纳尔蒂、《波波洛·罗曼诺报》的戏剧评论家。他为我读了它。征得大师的允许，我在这里引述这封信，以使大家明了，伟大的作曲家那时的境况是怎样的。

亲爱的蒙纳尔蒂先生：

我能对您说什么呢？我想写一部喜歌剧已经40年了，我了解《温莎的风流娘儿们》也已50年，但是……无处不在的通常的"但是"一直阻碍我实现我的这个愿望。现在博依托去掉了所有的"但是"，他为我写了与其它任何歌剧都不相同的抒情喜剧。

我心情愉快地为它写了音乐；没有特别的方案，甚至不知道是否能完成……我要再一次说——写作使我享受了快乐……

法尔斯塔夫——这是一个可悲的人物，他做了各种各样不体面的事情，但做得很滑稽可笑。这是一类人！还有各种其他类型的人!歌剧绝对是喜剧性的!阿门……

请接受我最深切的敬意。

朱塞佩·威尔第
热那亚,1890年12月3日

1892年2月,为纪念罗西尼诞辰100周年,威尔第来到米兰,指挥了《圣母悼歌》之后,向对他的新作品感兴趣的朋友和崇拜者坚定地宣称:"就这样,我不会撒谎——《法尔斯塔夫》完成了!"

痛苦的杰作

1893年2月9日在斯卡拉剧院举行了首场演出,它的表演者是:

法尔斯塔夫——维克多·莫雷尔
福特——安东尼奥·皮尼·科尔西
巴尔道夫——保罗·佩拉加里·罗列赛第
庇斯托——维托利奥·阿利蒙第
凯乌斯——乔万尼·帕罗里
芬顿——艾多阿尔多·加尔本
爱丽丝——艾玛·齐里
纳涅塔——阿德丽娜·斯特尔
奎克里——朱赛平娜·帕斯塔
梅格——维尔吉娜·格薇丽尼
指挥——艾德瓦尔多·玛斯克罗利

大师回忆说:"首演之后,观众起初是惊奇,不知所措:歌剧新的风格揭示了所有人至今尚不了解的威尔第。"

实际上，对那些尚未集聚在喜歌剧体裁奠基石《塞维利亚的理发师》周围的观众来说，这也是喜歌剧，但它完全不像传统的喜歌剧，它以它的出人意料而使人们如此震惊

的确，在这两部歌剧之间有极大的鸿沟。因此，为什么在斯卡拉的首演产生了某种尴尬，虽然获得了重大的成功，但却与《奥赛罗》的凯旋相距甚远就一目了然了。

后来，《法尔斯塔夫》在意大利和国外的许多剧院获得巨大的、辉煌的成功。托斯卡尼尼说："对我来说，《法尔斯塔夫》是威尔第最伟大的杰作，毫无疑问，随着时间的推移，它一定会获得更重要的意义和承认。"

这不是一部轻而易举的歌剧，它是一部很难的歌剧。无论是对表演者，还是对指挥来说，它的表演需要付出极大的心血，只有这样才能发挥它全部的奇妙之处

对莫雷尔来说，《法尔斯塔夫》的首演是他真正的重大成功。他是主角不可比拟的表演者，他的姿态十分出色，他的句法和动作都很得体。观众以无穷尽的掌声赞赏他，每个晚上他至少不得不三次重唱咏叹调"当我是少年侍从时"。我想，还需要很多年广大观众才能理解这部杰作。当他们真正认识它时，人们就会像现在奔向《弄臣》和《茶花女》一样，争先恐后地去听这部歌剧。如果说《游吟诗人》是民间天才的最高表现，那么，《法尔斯塔夫》是威尔第成熟的最高表现。

托斯卡尼尼继续和我排练《法尔斯塔夫》，一天又一天精雕细琢这个角色。

我的妻子买了一张歌剧《法尔斯塔夫》的唱片送给我，我把它带到大师那里，我想他会高兴的。

"您看我得到了什么礼物！"

从第一个和弦起大师就开始不安，后来他大叫起来："快拿开！……多么可耻！……你想想，他在我这儿唱……但是谁教他

这样笑?! 你听见吗？不。"

我拿走自己的唱片。那天排练得很糟，我心绪极坏地回到家。

第二天，我希望大师已忘掉昨天的唱片。但是当我刚踏进门，他就说："我希望你再也不要听这张唱片。……告诉你的妻子，以后花钱要聪明些！……"

有一次我问大师，他怎样看威尔第和博依托的合作。他回答说："对威尔第的创作来说，威尔第和博依托的相遇是他的重大转折，真正的革命。由此出现了两部杰作：《奥赛罗》和《法尔斯塔夫》。博依托不仅是一位博学多才的人，一位优秀的剧作家，而且还是杰出的文学家。需要的是，或者完全同意他，按他的意愿接纳他，或是另请高明。"

如果我所说的话可能被看成是不恭的话，那么请原谅我。但我通常所说即我所想：如果从一方面说，博依托确定了威尔第的创作方向，那么从另一方面说，他在某种程度上压制了他，压制了从他的音乐中表现出来的某种使他成为民族英雄，成为自己祖国天才歌手的东西。总之，威尔第不得不在某种程度上服从博依托，他不再是从前那个无可争议地主宰自己天才灵感的人。

格维多·康特林

指挥格维多·康特林那时从意大利来到这里，从我在诺瓦拉演唱时起，我和他就成了好朋友。我和他是在 NBC 大师那儿相遇的，大师很青睐他。卡特林经常看大师和我的排练。一次，当卡特林在"8H"工作室和乐队排练时，大师对我说："卡特林是个天生的指挥，他拥有一个伟大的指挥家所需要的一切……我不是永恒的，我希望他来指挥歌剧，爱上威尔第。归根结底，每个人都能指挥音乐会，而歌剧，——要困难得多。"

从大师的话语中我明白他很器重卡特林，那时他已看出他是自己的接班人，能诠释并使我们的杰作驰名。遗憾的是，一次不幸的事件使青年音乐家的生命夭折（空难）。无论对我们还是对艺术，这都是极其惨重的损失。

如果说在排练《奥赛罗》时，托斯卡尼尼要求我们的很多，那么，在准备《法尔斯塔夫》时，他从来、或是几乎从来没有满意过，他的要求实际上从无止境。他总是挑刺：或者是哪个字的重音过分重，不是太 legato 就是太 staccato……总之，劳动变成真正的苦役。有时他对我说："我对你很满意，你真正理解了。"

大师总是鼓励我们练习，练习，使我们能更接近完美！他反复对我说："永远不要泄气……永远不要放弃！"

一次当我进入大师的办公室时，他坐在钢琴旁，在弹某种我不熟悉的东西。他看到我，对我说："你年轻，大概不知道这个音乐。而在我的那个时代，塔马尼奥曾唱过，他和你一样，也是皮埃蒙特人。这是梅耶贝尔《清教徒》中的咏叹调。那是美妙的时代，是我们的艺术最美妙的时代！既没有广播，没有电视，没有飞机，也没有安眠药……完全不需要这些！生活是清澈明朗的。而现在呢，遗憾的是，一切都变糟了！你只要想想，正好在今天，一位'大都会'的指挥给我送来他的一本教授指挥的书……你只要看看，这是些什么！指挥棒的一些动作线条……是一些十分滑稽可笑的东西……已经发现一些对此严肃对待的人。"

大师认为，遗憾的是，扩音器、广播、电视的发明，促使了音乐戏剧的衰退。为什么呢，他解释说："以前歌唱者要有好的嗓音才能唱，甚至包括那些只唱歌曲的人，否则他们只能换行当。现在呢，什么人都可以唱，甚至于没有任何嗓音的人。以前音乐家不仅在剧院，也能在咖啡厅、电影院、结婚典礼上找到工作。现在随着广播和扩音器的出现，一切都改变了。"

总的说，按他的话说，现代艺术和他格格不入。

他说："绘画也像其它艺术一样，一切都渐渐变得虚假了。"

艺术应当发自内心

一次大师想自己为我唱独白"我是少年侍从",这是歌剧中我们还没有排练过的唯一段落。他说:"你听,如果我是男中音,你看我怎样唱这个杰作。"

他闭着眼,自弹自唱起来。唱完之后,他高兴地叫起来:"太好了,不是吗?我感到这首咏叹调是一气呵成的。现在你唱唱,你来感觉一下。"我唱了,大师说:"我唱得不错,你也很好。你知道这是为什么吗?因为你唱的时候没有模仿我,永远都要这样唱。你要记住,艺术,永远要发自内心,永远应当真诚。如果你绞尽脑汁想怎样达到目的,纯朴和真挚就会消失殆尽。"

大师让我连续几天练习这段独白——一句又一句,后来让我完整地唱。我记得,我无论怎样也不能按他的要求唱"Può I'onore riempirvi la pacia?"这个句子。他强迫我不断重复,他想让"riempirvi"这个字重一些,按他所形容的,像浓郁的调料和配菜,好像嘴里塞满了食物。

大师要求,每一个最短的句子最终都要获得自然、从容的音响,使听众感到,歌唱者的这一个音仿佛就产生在这一瞬间,完全像在生活中一样。

他要求:"一切都要极其自然。甚至乐手,如果他很自然,他永远都会优于其他人。必须练习,这很重要,然后要摆脱已学会的东西,让心灵和感觉直接去表达。"

托斯卡尼尼善于运用音乐调色板的所有色彩。在法尔斯塔夫的这个句子"Ber del vin dolce e sbottonarsi al sole"中,他要求能感觉到酒的味道。他说:"你是皮埃蒙特人,你们皮埃蒙特有非常好的酒。当你唱这个句子时,你想象一下最美的酒,感觉它在你嘴里的味道,仿佛你刚刚喝了一口。在 dolce(甜美)这个字上，我们应当感觉得到这种甜美。"

"好吧，大师，您听听！"我立刻唱了。但他摇头说："我亲爱的，我要酒更甜些。"他又让我反复重唱这个句子，直到他满意为止。

"你看，终于对了。现在是真正的皮埃蒙特酒。好样的！"

有关太阳的句子，天哪，对大师来说，这个太阳总是不够明朗！他说："我希望太阳像春天最晴朗的日子里那样明亮，蔚蓝的天空中红通通的太阳……我们来发挥你的想像力，给我一个我所需要的红通通的太阳……"

"sbottonarsi al sole"这个句子他迫使我重复了多少遍哟！对他来说我的太阳总是灰濛濛的，但我终于学会按他的要求唱……

"现在它光芒四射了，"他高兴地说，"永远都要这样唱！"

我希望迪·斯苔芳诺唱

芬顿这个光辉的角色，仿佛以他的柔情照亮了整部歌剧。他希望有一个漂亮的声音，清新、纯净、真挚。他从广播电台听到歌剧《浮士德》的转播，演唱主角的是朱塞佩·迪·斯苔芳诺（Di Stefano, Giuseppe, 1921, 意大利男高音歌唱家）。他很高兴地对我说："浪漫曲里的这个 C 太好了。无论是声音的发送还是减弱，我应当承认，这是我听到过的最优秀的男高音之一……你在'大都会'见到他时，你告诉他，我想和他谈谈。"

我完成了大师的委托，但迪·斯苔芳诺那时非常忙，没法唱芬顿。但是大师常常想起他，当他指挥威尔第的《安魂曲》时，请他唱了男高音杰出的角色。

这时有一位青年男高音安托尼奥·马达吉从曼图亚来到纽约。大师想听听他。这一次又发生了困难。面对托斯卡尼尼，马达吉也不能立刻平静下来，他说不出一句话，他太紧张了。

山村牧童的风笛

一次我犯了一个什么错误，大师大吼起来："你还吹过双簧管！我可以想象，你是一个多么糟糕的双簧管手。"但他又立刻纠正说："我能想到你那时还完全是个孩子……"

第二天，我带着双簧管，比平常稍早些来到大师那里。我迈进工作室，向他问好，使他十分惊奇的是，我拿起乐器，吹奏起亨德尔作品 10 号《大协奏曲》的 largo。

读者可能会想象得到托斯卡尼尼的面部表情。他惊慌失措地继续看着我，一定以为我疯了，一定是这样！但当我吹完之后，他走近我，说："你知道吗，你的音色不错。你向谁学的？"

我回答说："普利莫·诺利。"

他立刻说："啊，诺利在我都灵的乐队里演奏过。他的双簧管和英国管都吹得很好。现在我明白了，昨天我骂了你，说你是一个糟糕的双簧管手，今天你要向我证明不是这样。好样的。看来你很狡猾，没有什么可说的！遗憾的是，现在你的双簧管同事已经没有这样好的发声方法……现在需要三个双簧管手，才能得到你的老师诺利教你的那种声音。你知道今天他们像什么？像吹山村牧童的风笛！"

有一次我问大师，他怎样看莫扎特的歌剧《唐璜》。他说："我亲爱的，这是一部你应当研究的歌剧。遗憾的是，现在在美国，唐璜这个角色由男低音唱①。这是极愚蠢的错误！唐璜——这是嗓音刚毅漂亮的男中音。你想象一下，这部歌剧竟有 4 个男

---

① 这种情况的发生是在意大利男低音歌唱家埃利奥·平扎（Pinza, Erio, 1892－1957）唱了唐璜这个角色之后。歌唱家具有一副惊人的嗓子，他的音色接近男中音，音域很广。此外，他的外表形象都很适合这个角色。他经常唱比才《卡门》中斗牛士的事实也说明了这一点。

低音！唐璜、列波莱洛、马赛托和总督！多么可怕！多么可怕！……"他继续说："在《费加罗的婚礼》中，依我的看法，费加罗也应当由男中音唱，因为这种嗓音比男低音更灵活，由于这种灵活性，角色会更出色。而伯爵阿尔马维瓦更适合男低音，这会使人物更有分量。"

第七章 他永不满意

《法尔斯塔夫》的排练几乎没有一个休息日。对于我这个演主要人物的人来说更是无止境的煎熬，因为大师不断要求新的色彩。如果想到我还在"大都会"唱，那么就会理解我，——我没有一分钟休息……

大师很喜欢女中音赫洛·艾尔莫的嗓音，她唱奎克里。他说："艾尔莫有极其美妙的嗓子，但我想建议她不要经常唱《游吟诗人》。阿佐采娜，这是戏剧性角色，如果赋予角色过多的戏剧性，对于嗓子来说可能相当冒险和有害，尤其是艾尔莫的声音强壮，有炽烈的热情。"

在第二幕和艾尔莫的二重唱中，大师要求具有真正令人震惊的色彩。我记得他让我不停地重复这个句子："Lo so continua"和另外一个句子："Stregoneria non c'è, ma un certo qual mio fascino personal"。他希望我在台上甚至有些走动，为的是更深入角色，更鲜明地揭示这些句子的内涵。

而和福特的二重唱他要求有多少色彩哟！演唱福特的是一位优秀的意—美男中音弗兰克·瓜莱拉，一位聪明、有才华的歌唱家，有一副漂亮、明亮的嗓子，音乐感很强。我们合作得很默契，有很好的相互交流，因此大师很满意。我记得，大师让瓜莱拉不断重复对男中音来说很不容易的练声曲"Cantando un madrigale"，但仍然有许多地方令大师不满意。

威尔第不满意

我在"大都会"唱福特。一次,大师听了这部歌剧的转播,他对我说:"我亲爱的,你要告诉瓜莱拉,你是怎样唱这首练声曲的。我记得,你唱得很好!"

应当承认,我也遇到过像瓜莱拉同样的困难,是达尼塞帮助我克服了它,他教给我应当怎样唱这首练声曲。

达尼塞说:"瓦尔登戈,你要摹仿男高音,你看,你应当唱得很轻巧,如果你压低嗓音,你永远也不会把它唱好。"

的确,我按达尼塞的建议做,我唱得很平稳,在最后的几个音上使声音渐渐消逝。

我教瓜莱拉这样做,他把这一段唱得好极了。这很简单,要当机立断,但要懂得应该怎样做。

在歌唱中总会遇到困难,它看似不可逾越,后来却变得易如反掌。但是不幸在于你甩手不干了!最好是不要继续练习,甚至把这部歌剧放置一段时间。

托斯卡尼尼谈到,有一次男中音莫雷尔就发生过这样的事。他无论如何也唱不好《奥赛罗》中雅戈的"梦"之前的这一个短句"Che per poco alla certezza vi conduce"。

乐队里英国管是 A,而男中音必须唱 C。莫雷尔在这个地方声音总是没有力量,威尔第每次都要皱起眉头。很容易理解,莫雷尔很紧张,这个音一次比一次唱得更糟。于是威尔第走近他,说:"莫雷尔,在 po 这个音节上做一个重音,在升 G 上,你看,这样唱起来要容易得多。"莫雷尔按照他的建议唱,结果好极了。

他们对音乐一点也不理解

一次,同样在 NBC,我和大师正在排练《法尔斯塔夫》,忽然 NBC 的领导来了。我从工作室出来,在走廊上等着。过了整整半小时,大师终于走出来叫我。

他悄悄问我:"你嗓子怎么样?可以现在给他们唱唱《法尔斯塔夫》的第一幕吗?……你知道这些先生们根本不明白《法尔斯塔夫》这部杰作是怎么回事!让他们听听这天籁之声吧。"

我回答说:"大师,我准备唱。"

"好,我来唱别的声部,给你提词,你跟着我。别紧张,我亲爱的。"他又挤了挤眼,悄声说:"你要知道,这是我们的老板!"

我饱含热情地唱了,当全幕结束后,托斯卡尼尼笑着对我说:"好样的,好极了。"

当他们走了之后,他又说:"谢谢你,亲爱的!你知道,这是领导……由于他们不很懂音乐,那么应当让他们多少明白一点,尤其是《法尔斯塔夫》,不是每个人都能理解的!"他又说:"人们说,美国,美国……但我记得,在斯卡拉我也需要勇气才能排《法尔斯塔夫》。但我仍然在那里上演了,虽然有很多人嗤之以鼻。近几年我又复演了这部歌剧,我早就期望这部杰作能在美国鸣响。请容许我这样说,——我以为它可以和贝多芬的音乐媲美。当然,歌剧的演出要很完美,而这个完美只有通过练习才能达到……现在给我唱第二幕吧。"

像往常一样,在和福特的二重唱中,大师也唱他的声部,一句又一句,有时甚至让我做点表演:他不能想象,不做一个动作而能表演相应的角色。

一次,在排练《法尔斯塔夫》之后,大师让我坐他的车,送我回我住的酒店"安索尼亚"。在路上,他说他想把柏辽兹的《浮士德的沉沦》包含到他的曲目中去,但是……

"你知道,所有的难题在男高音……"他说。

我提了一位和我一起唱过的男高音,也是艾托尔·维尔纳的学生，他有很宽广结实的嗓子，适合演唱主角。托斯卡尼尼立刻问："他在哪里？"我告诉他在"城市剧院"，于是他说："带他到我这里来。"

第二天我和男高音埃仁·考里谈了，能唱给托斯卡尼尼听，他感到很幸福。我们谈妥了时间。我建议考里用意大利语唱一首咏叹调，最好是威尔第的歌剧。我知道大师的趣味，他总是愿意听威尔第的片断，即使是不长的片断，但一定要是威尔第的……

但是考里却作出了一个不恰当的决定，他用法语唱了古诺《浮士德》中的咏叹调"Salve dimora casta e pura"。我立刻就知道，托斯卡尼尼会骂我。的确，当考里刚唱完，他再也不想听他唱别的什么了。对他来说已经足够了！虽然考里唱得不错，他的法语却没有使大师信服。我设法赶快偷偷溜走，但是大师马上通过瓦尔特找到了我，我不得不又回到大师的办公室。

我记得瓦尔特告诉我，父亲在等你，他说："父亲要和你谈谈，我担心你今天要挨骂了……"

只能用意大利语试听

我刚迈进门，托斯卡尼尼立刻对我咆哮如雷："你告诉他没有，要用意大利语唱点什么，而不是用这种漂亮、但鼻音浓重的语言。你自己知道，当人们用法语唱时，弄不清楚他的嗓音到底怎样……"

我回答说："考里用法语唱，这和我有什么关系呢？我建议他唱威尔第的某个宣叙调或咏叹调……大概他自己感到唱《浮士德》更有把握，于是唱了它。"

大师说："试听，你自己也能证实，你大概也早已明白，要用意大利语，唱有各种难度的段落。你要永远记住，在试听某个人时，不要相信法语和其它任何语言。只有用意大利语唱时，你

第七章 他永不满意

才能对歌唱者做出判断。"他继续说："如果有人对你唱莫扎特的某个片断，它的音乐很动听，但你什么也别说，你要警惕：这说明，这儿有点什么不妙。"

"去年在斯卡拉，当人们得知我在纽约准备《法尔斯塔夫》时，他们想向我介绍一位你的同事。他到我这里来，说要为我唱莫扎特《费加罗的婚礼》中的咏叹调。我立刻就明白是怎么回事了……他唱完之后，我请他唱一段威尔第的宣叙调，他唱了，我立刻就拒绝了他。"托斯卡尼尼笑了很久。

至于我的好友考里，大师没有忘记他。一次他对我说："你知道吗，我亲爱的，我记得你的那个朋友，那个男高音，我要让他唱贝多芬的《弥撒曲》。"

我很激动地谢了他。我为艾仁·考里高兴，因为他不仅是我的好朋友，而且的确是一个优秀的男高音，他是一位谦逊的、并非自命不凡的人。

我记得，大师非常喜欢我们美妙的意大利歌曲，尤其是当有合适的嗓音唱它们时。他常常对我说，他很喜欢达尼埃尔·塞拉和卡洛·布蒂，两名著名的意大利歌手。他还说，许多歌唱者可以向塞拉学习最好的吐字，向卡洛·布蒂学他的音乐感和表演风度。

大师说："布蒂的确是一位杰出的歌手。他用气息唱，有很高的技巧。美妙的歌曲，应当是人们心灵的真正体现，正应该像塞拉和布蒂那样去表现它。"

《法尔斯塔夫》的排练还在继续，我们每个人都竭尽全力使大师满意。

读者一定会奇怪，为什么要这么多的排练。要达到最完美的表演，这是必须的。我举最后一幕著名的赋格曲为例。我已背诵得如此滚瓜烂熟，我可以在没有其它声部的参与下，独自把它从头唱到尾。一次，大师为了证实这一点，让我背对着钢琴表演这首赋格曲。

他说:"任何时候都不要完全信任歌唱者,他们只要看一眼钢琴谱,就会想起该从哪儿进来。"

他是对的,我只要看看大师在琴上的手,我已经知道该什么时候开始。那天我唱的赋格曲没有出一个错,我不可能错,因为我连所有的休止符都背下来了。当我唱完以后,大师问我:"你说,你数过休止符?"

我肯定地回答了,他又说:"这是最有效的方法,要永远这样做,在唱赋格曲时你永远也不会再错。在《玛侬》的三重唱中,如果你不数休止符,你定会乱套。我亲爱的,在这首三重唱中,男中音是整个三重唱的基础。如果他错了,就一点办法也没有了。"

假技师

一次,我们在利维尔德里把整部歌剧走了一遍,大师托斯卡尼尼对我们的成绩很满意。他说:"离开之前,稍微休息一下。"他让我坐在沙发上,让人送上茶。我记得他说:"这种饮料我永远也弄不明白……它——像音乐……"托斯卡尼尼想说一位作曲家的名字,但话还未说完,自己淡淡地笑了。

这时有两位年轻人来到别墅,大师饶有兴趣地问他们是谁。原来是技师,他们是来修理收音机的。托斯卡尼尼摘下眼镜看看我说:"你听听,两个技师来修一个小小的收音机。对,对,在这里,在美国,一切都可能。在这里,一切都要有规模!有趣的是,修一个留声机,大概要20个人吧!"

我们继续谈话。半个小时之后,技师又出现了。他们向门外走去。托斯卡尼尼叫住了他们,用英语对他们说:"请原谅,为什么一个小小的收音机你们要来两个人修理呢?如果留声机坏了,你们要来多少人?"

技师没有回答,托斯卡尼尼看着他们笑了。其中一个年轻人用混合的意大利英语说:"大师,我不会修收音机,我是指挥。"

"指挥?"大师惊讶地问。

年轻人回答:"是,大师。我是指挥……"他用意大利语重复说。

"你在哪里担任指挥?"大师笑着问。

"康涅狄格交响乐团。每周六有我的音乐会。"

"请告诉我,你为什么还要来修理收音机呢?"大师继续问。

年轻人用意—英混合语解释说:"大师,我太想认识您,想和您说说话了……恰好我的朋友来为您修理收音机,我利用这个机会,我就和他一起到您的家里来了。"

"啊,你太棒了!"大师赞叹地说:"这么说,我们是同行。好吧,你说说,你的音乐会有些什么曲目?"

年轻人递上节目单,其中有:贝多芬的《第七交响曲》,勃拉姆斯的《第三交响曲》,威尔第的《圣女贞德》序曲……

托斯卡尼尼马上惊叫起来:"你看,真是巧合!我也要在周六在 NBC 指挥勃拉姆斯的《第三交响曲》。好样的!绝妙的曲目,祝你成功!"

他们还谈了很久,托斯卡尼尼向年轻的指挥做了一些建议,后者从口袋里掏出了勃拉姆斯交响曲的总谱,把大师所说的一切在上面做了详细的记录。当他离开的时候,他的脸上洋溢着幸福的神采,当然,他一辈子都会记住这一天。

托斯卡尼尼就是这样的人,在任何情况下都能显现出他的善良。

《法尔斯塔夫》已进入总排,大师要求放声唱。他要求所有的排练都要全力以赴,否则是徒劳无益。假如我有时不放声唱,他会立刻让我停下来:"就这样,很好,很好,只是大声再重复一遍!"他加重语气说:"歌唱者小声排练,只会养成坏习惯!它使嗓音失去光彩,破坏已经获得的一切。如果用 piano 唱,宁可不唱,不如去散步……"

大师说,卡鲁索在排练时从来都是放声唱,从来不吝惜自己。

是的,应当承认,那个时候,特别是在"大都会",排练是准确计算好了的,那里不像现在这样按件给工资……

莱昂卡瓦洛的懒惰

当说到"大都会"时,大师的脸阴沉下来。我尽量不在他的面前提这个剧院,因为我知道,这是他的伤心之地。

后来当他得知,新的剧院领导打算尽量减少意大利剧目,而青睐德国歌剧时,大师激动地说:"这位先生对此会感到深深惋惜的!要知道,只要想想,'大都会'是以我们伟大的意大利歌剧,在我们伟大的意大利歌唱家的伴随下成长起来的,其中多少也有我的功劳。我的朋友,曾经有过多少争吵哟!"

托斯卡尼尼把他家里的电话号码告诉了我,因为他喜欢我晚上给他打电话。他喜欢和我聊这聊那,了解一些新闻。有时我们会聊一个小时,甚至更多!

有一些谈话我录成了带子,我承认,现在,当我聆听这位伟人的声音时,我总是非常激动。我半夜给他打电话,我准确地知道,他已经躺在床上。

大师睡得很少,总是在工作。当我问他:"大师,您在做什么?"

"你想让我在这个年龄做什么?!在工作,总在工作!我在自己的记忆中搜寻我在以前的表演中所犯的错误,我想改正它。"

这是托斯卡尼尼经常的叠句:"我还能做什么?工作!"这也是使我不间断工作的兴奋剂。当我在大师那儿唱时,我尽力不丢丑。我在可能的范围内，努力不辜负大师对我的尊重和信赖。最重要的是，努力不要使他再次重复他以前已经提过的意见，我非常了解，没有什么比这个更使他生气的了！

1952年，我和拉蒙·维内在"大都会"演唱了歌剧《丑角》。真正的《丑角》没有留下任何痕迹。剧院的领导人把一些稀奇古怪的新玩艺儿带到了演出中，歌剧已面目全非：无论是服装还是布景和舞台调度（某个外国人担任导演）。故事的发生地从意大利的卡拉布里亚的乡村改到某个叫做法尔威斯特的杜撰的国度，残垣断壁，令人想起战争年代坍塌的建筑。

我们所有的演员对这种亵渎都感到极其憎恶，极不愉快，特别是已习惯于这部歌剧老的、有些率真的传统的意大利演员。

我必须在舞台的深处，在类似没有护栏的拳击台上唱"引子"，强大的聚光灯从高处直射在我的头上。

第一场演出后我和大师通了电话，他已知道了"大都会"的这种庸俗歪曲行为。

"多么可耻……多么遗憾……"从电话的那一头传来托斯卡尼尼的声音。"可怜的歌剧……可怜的演员……指挥怎么能同意这种胡闹呢?！但亲爱的，我能对你说什么呢？他们这样做是要引起轰动，让人们谈论自己！"

我告诉他，歌剧被压缩成了一幕。他说，莱昂卡瓦洛的确写的是独幕剧。但是歌剧只是在首演时是独幕，后来他本人建议作曲家把歌剧分为两幕。

托斯卡尼尼说："那个晚上，我本当在卡尼奥的咏叙调结束时重复几小节，为的是来得及换布景，于是我请莱昂卡瓦洛加一段间奏曲。他是个很可爱的人，但是个出奇的懒汉。让他再写点什么，他听也不想听。为了让他写间奏曲和把歌剧分为两幕，我不得不宣布，否则我不指挥。为了减轻他的负担，我建议他间奏曲可用"引子"最后的主题。他这样做了，第二场演出获得了真正的成功。"

歌剧的每一幕过长会使观众疲劳，特别是意大利观众。只有德国人能忍受冗长，瓦格纳的歌剧就是明证。

托斯卡尼尼继续说："我第一次接触总谱时就明白，《丑角》作为独幕剧太长了。《蝴蝶夫人》在斯卡拉首演时就发生过这种情况，那时歌剧是两幕，而不是三幕。首演完全失败了，对此我事先已对有些朋友说过。

"我很奇怪，无论是普契尼，还是脚本作者伊利卡和贾科萨就不懂得，在他们写歌剧时已犯了愚蠢的错误。无限长的两幕——这完全没有意义！我不想干预也无意向这些无疑是很卓越的戏剧活动家们提什么建议。但是在失败之后我立刻向普契尼建议，把歌剧分为三幕，删除第一幕中某些毫无意义的冗长段落，在第三幕中增加男高音的浪漫曲。普契尼接受了我的建议，做了修改，歌剧在全世界获得巨大成功。

"我亲爱的，传统是在作曲家、指挥家和表演家那里诞生和成熟的，它不会因某些懒汉胡思乱想的投机宣传而改变。"

大师继续说："1915年9月18日至11月28日，当我在米兰为帮助因战争而生活贫困的剧院工人指挥《丑角》时，演唱的有卡鲁索、斯特拉恰利和蒙特桑托，后者想在演出中来点新东西——他忽然想穿燕尾服唱'引子'。不久前他在旧金山曾这样做过。

"莱昂卡瓦洛给我写了一封饱含眼泪的信，他请求我不要允许蒙特桑托穿燕尾服唱'引子'。其实他不用给我写信，你想想，我亲爱的，难道我会允许演员做这样古怪的事吗？！

"你看，'大都会'的这些聪明人自己很快就确信，他们犯了个大错误，他们又回到了以前的《丑角》。"

大师说得对。演出三场之后，"大都会"又回到老的演出样式，我可以像以前通常所做的那样，在幕前唱"引子"。

第七章 他永不满意

对多尼采蒂所写的一切要认真对待

无论是我还是我的同事,和托斯卡尼尼一起工作从不感到疲劳。我们唱得很投入,尽力使他对我们感到满意。除了坐在钢琴旁的迪卡·马尔佐洛先生,我们每个人早已不用看谱子。

对于马尔佐洛这位杰出的朋友,应当讲几句最热情的话。假如我们遇到什么困难,他总是慷慨地帮助我们。

我是在男低音歌唱家坦科莱吉·帕杰洛家里认识他的,歌唱家正和他一起准备自己的歌剧角色。作为音乐指导,托斯卡尼尼给予马尔佐洛很高的评价。

他说:"你看见吗,马尔佐洛是这样一类音乐家,对指挥来说,他就是一个宝贝。他是一位无可争辩的优秀的音乐家,此外,作为伴奏,他简直就是一位不可超越的行家。如果我再到剧院工作,我一定要请他和我在一起。"

我告诉大师,我已认识马尔佐洛多年,战争时期在非常困难的时刻他救了我。他吸收我到意大利广播电台自己的乐队,使我逃脱了服兵役。

大师说:"他永远都是一位诚恳、善良的人。"

遗憾的是,我们滥用了他的善良。有一天托斯卡尼尼说:"明天我家里有事,马尔佐洛先生,请您自己和他们排练吧。"结果是一团糟。善良的马尔佐洛虽然试图用严峻的目光看我们,但一点也没有用。我记得他生气了,这时他挺直身子,显得更消瘦,更孱弱。他像一朵从某个老字典的篇页中跌落的干花……他作出威严的样子对我们说:"明天我一定把这一切都告诉大师。"但是第二天,宽宏大度的马尔佐洛什么也没说,他担心托斯卡尼尼会斥责我们。

我的朋友达尼塞像以前一样继续帮助我,提出好的建议。当我告诉他托斯卡尼尼对我很满意时，他也感到很幸福。他希望我在大师面前不要丢面子，他坚决阻止我告诉大师是他在帮助我。

这时我和比杜·萨瑶（Bidu, Sayao, 1902 - ? 巴西女高音）、费路乔·塔里亚维尼及萨尔瓦多·巴卡隆尼（Baccaloni, Salvatore, 1900 - 1969, 意大利男低音）一起在"大都会"唱《爱的甘醇》。我知道，托斯卡尼尼和达尼塞都会通过电台转播听这部歌剧。我想尽可能唱得好些，使后来不致让我伟大善良的朋友提出意见。指挥是朱塞佩·安东尼切里。我可以有把握地说，演出非常出色。

通常我都用高音 F 结束第一幕的咏叹调。一次，我在转播之后从"大都会"回家，在"安索尼亚"酒店的大堂里遇见达尼塞，他看到我，很冷峻地说："这是什么做派，用这个音结束这样一首美妙的浪漫曲！"

我尽快逃走，没有继续谈话。

第二个星期一，我到托斯卡尼尼那儿去，他也立刻对我说："浪漫曲的最后一个 F 太不像话了！你破坏了一切，你把它变成《假面舞会》的终曲了。"后来他又说："我建议你好好听听你的好友塔里亚维尼怎样唱第一幕中浪漫曲结尾的这个华彩段"Quanto è bella, quanto è cara"。他唱得非常好，而《游吟诗人》中的这个华彩段却完全不合适！。以后对多尼采蒂所写的一切你都要认真对待。他的一切都更卓越。你们这些歌唱家，你们不添加一点什么自作主张的东西，你们就不会安静！"

第八章　绝对杰作

1950年3月23日来临。《法尔斯塔夫》的演出定在4月1日，也就是说再过10天。托斯卡尼尼把我们集合在一起说："孩子们，是到摇桨的时候了……"

3月28日，我去排练时，在第8层楼上遇见一位矮胖先生，他自我介绍说是托斯卡尼尼请来的吉他手，在第二幕我出场唱"Al fin t'ho colto raggiante fior"时为我伴奏。

我建议他在见大师前先和我练一练。我们又爬上一层楼，为的是不打搅别人。我们把这段短小好听的歌曲练了三四遍。一切进行得很顺利。为了使他在见到大师时不至慌张，我告诉这位那不勒斯吉他手，托斯卡尼尼是世界上最好的人。我们进入大师的工作室，我对大师说，这是吉他手。

"好吧，我想听听这首歌曲。"大师说。

我们表演得很好，大师对吉他手说："明天到乐队来。"

我记得，这位吉他手刚一走出门外就高声叫喊："天哪！天哪！谁能想到……多么可爱朴实的人哪！一位伟大的人！"

大乐队排练定在第二天的17：15，在"8H"排练厅。

蠢人的尊号

最有趣的事就这样开始了。

NBC的技师为吉他手单独做了一个台子，专门安了麦克风。托斯卡尼尼为了尽快放吉他手早走，使技师能为其他乐手安放麦克风，大师决定直接从我唱的那首歌曲开始。一切准备就绪。

大师命令吉他手："开始！"

我已经注意到，不知为何，吉他手的面色苍白，看起来十分可怕，我想可能这是我的错觉，或者是灯光的反射……总之没有把它当回事。

托斯卡尼尼发现吉他手没有准时进来，他又重复说："大胆些，开始！"

吉他手突然站起来说："我不能演奏……不能……我害怕……"他从台子上走下来，没有和任何人道别，慌慌张张地从大厅里逃走。

大师没有说话，放下指挥棒，然后说："没想到居然会有这样的事……他怕我。"又沉默了片刻，命令道："排练竖琴声部！"

后来我得知，这是纽约最优秀的一位吉他手，他被大师吓坏了，他不能在他的面前演奏……

NBC乐团第一双簧管演奏家连齐教授对我说，所有和大师合作的人都在他面前经受过这种诚惶诚恐的忐忑不安。他本人和大师合作过成百次，当看到日程表上列有某一天有托斯卡尼尼指挥的音乐会时，他会立刻回家长时间练习。如果忽然在音乐会上有双簧管的独奏，他极力争取请大师先在他的工作室听听他。

"这样我就会很放心。"连齐说。

应当指出，连齐被认为是一位最优秀的演奏家！

当托斯卡尼尼准备新的音乐会曲目时，他这样做，他能觉察到任何个别乐器声部，如果需要，他会纠正他。

托斯卡尼尼微笑着说："你要知道，乐队就像一匹未经调教的马，需要制服它。如果马感到骑在它身上的是一位好心肠的人，它会立刻把他抛下来。乐队从最初几小节就知道指挥在行不在行。"

有一次在排练时，乐队的一位独奏者奏错了，有两个人互相挤了挤眼嘲笑他。过了一段时间，托斯卡尼尼停了下来，说："现在请那两位在他们的同事奏错时笑他的人为我奏一遍。"

我永远也不会忘记这之后的悲喜剧场面，演奏员奏不出一个音。托斯卡尼尼大声说道："怎样，而你们笑了！现在请允许我在你们名片的名字下面再加上一个头衔——愚蠢的人。"

排练结束后我对他说："大师，您教训得太好了！"

他看看我说："有时候我很严酷，我自己知道，我也不愉快，但这是唯一的办法，使他懂得所有的人都会犯错误，但永远也不要在背后嘲笑别人……"

大师研究总谱，一种乐器又一种乐器全都背下来：小号、英国管、圆号、木管——总之，所有的声部！当我问他，他怎么能全都记住呢？他说："你要知道，我在内心里看得见每一个声部，在脑子里！从我在乐队里拉大提琴时起就是如此。不是我夸口，我可以对你说，许多歌剧还在那个时候我就已背下来了。这使我有可能注意舞台上所发生的一切。"

《法尔斯塔夫》的合乐排练很顺利，因为我们在钢琴旁已准备得很好了。托斯卡尼尼认为，歌剧是在钢琴旁准备出来的，而不是和乐队。当歌唱者和乐队排练时，他们听到的速度应当是他们在钢琴旁已经习惯的速度。如果速度不对，他们立刻会感到不舒服。

和托斯卡尼尼一起从未发生过这样的危险。他在钢琴旁确定的速度，在乐队里也准确无误。有时我用放在口袋里的节拍器检验，一次也没有发现过丝毫差距。如果拿托斯卡尼尼的现场歌剧演出和他录制的唱片相比，任何人都会确信大师的准确性。

"那您让我吃什么呢?"

这个时期我在"大都会"唱,剧院要去巡演,这时我们正好在马萨诸塞州的波士顿演出,因此我不得不往返于波士顿和纽约之间。大师对此很不满意。但他明白,这不是我的过错,因此他什么也没说。

而从我这方面说,我要尽力保护嗓子,因为我希望在我唱《法尔斯塔夫》时,我的嗓音是清新的。在彩排之前的排练中,我决定小声唱,可以稍事休息,我无论如何也不想用全部力气唱。在排练开始前,我走到大师身边对他说:"大师,如果您允许,我想今天保护嗓子,因为明天我在波士顿有演出,后天是《法尔斯塔夫》的彩排,再后天是转播……"

托斯卡尼尼惊奇地看着我,显然生气了,然后说:"你总是只想保护点什么……"

我没说什么,回到自己舞台上的位置,正对着大师。我暗自想:"今天不会有好事。"

排练开始,但大师很快停下来,他要求:"从头开始!"

我这时似唱非唱,也就是说小声唱。当我看到大师正注意乐队,或是在忙于其他什么事的时候,我只发出一点声音。

第一幕唱完,一切都很好,大师好像很满意,但我知道,暴风雨已临近。我太了解大师了……为了一个小错误,他会对我大发雷霆!

果然,不祥的时刻来到了。在唱与福特的二重唱"Te lo cornifico netto netto"这个句子时,大师突然暴跳如雷,口出听不明白的骂语,他高声叫嚷:"你真不害臊!你宁可干脆不唱,也比总是保护嗓子强!"

第八章 绝对杰作

我回答:"那您让我吃什么呢?"

当然我的反应是不恰当的,特别是用这样一种愚蠢的、令人气恼的方式……但我只是想说明,如果我不在"大都会"唱,我就会失去生活来源,那一刻我没找到更合适的话!

要是我永远都没有说过这句话该有多好!

大师用他全部储备中最尖刻的话语向我抛来,他最后是这样说的:"……还要没完没了地重复这个庸俗的字眼——吃……吃……为了这个你会葬送自己的歌唱名声。不知羞耻!不害臊!"

这次对话发生在所有观众面前,他们基本上都是美国人。当他们听到"您让我吃什么?"这句话时,他们以为我对大师说,我想去吃点什么。因此这段故事变得很有趣,所有一切都录在了唱片里。这张唱片后来在美国的黑市上卖5美元一张。

我保有这张唱片,每次当我听它时,我都会和从前一样激动。上帝保佑,这个场面由于一个可笑的插曲而圆满结束。事情是这样的:

大师还在为我的所作所为而生气,有一刻他痛斥我说:"首先……"显然他想说:"应当想想不要丢人。"但是他还没来得及说完,因为法尔斯塔夫要唱的正是这两个字,乐队听到"首先……",以为是大师给的引子,于是果断地演奏起来,我也没有慌乱,也唱了自己的句子"Senza complimenti accetto il sacco……"。大师刹那间也因出乎意料而慌乱起来,但很快明白了是怎么回事,他随着乐队继续演奏,立刻把它掌握在自己手中。

所有这一切立刻转变了他的情绪,他的面庞明亮起来,他看了我一眼,我明白,他的愤怒已没了踪影……我们继续排练。一切都很顺利,托斯卡尼尼已忘记了一切。

那个晚上,出席了排练的德·鲁卡到我这儿来对我说:"你

- 103 -

知道吗，看来你不缺乏勇气！你像对待一个普通凡人一样回答大师！——但是，你为了演出而保护嗓子是正确的。"

德·鲁卡十分了解托斯卡尼尼的性格。他说有一次在排练《蝴蝶夫人》时，他因为走神而忘了唱"O allegro cinguettar di gioventù"这个句子。第一幕结束后托斯卡尼尼叫他过去，他明白等待他的将是什么，他藏起来了。他明白，错误虽然不大，但托斯卡尼尼也不会轻饶他。果然，当大师终于找到他时，他说："我要让你感到羞耻，你再也不要看我的眼睛！"

有一天我们在托斯卡尼尼家里用晚餐，气氛友好温馨。托斯卡尼尼想起过去，对德·鲁卡说："你也别对外人说，我清楚地记得你犯过多少错误。比如说，你在《蝴蝶夫人》中不知为何漏掉了'O allegro cinguettar di gioventù'这个句子，我准备打死你。幸运的是，你及时醒悟了……"

托斯卡尼尼过了这么多年还在责备德·鲁卡，马尔迪内里听着也笑了……托斯卡尼尼看了看马尔迪内里说："你别笑他，你也是用过欺骗手段的家伙。"

我很担心这次争吵之后大师会生我的气，然而在此之后他再也没有提起过这件事，我当然也是如此。

"这儿是永远能救我的东西……"

1950年4月1日终于来到了。《法尔斯塔夫》的演出定在18时。演出开始前一小时我们已来到NBC排练场，托斯卡尼尼又和我们练了几段重唱，做了最后的指点。他特别对我说："不管发生什么，你始终都要看着我。安心地唱，用好气息，只要气息好，正确，它会调整好一切。可以稍稍走动，这有助于产生自然的音调。"

在进入大厅之前大师握了握我的手。他发现我的手放在口袋里，里面有什么东西在叮嚓作响,他问我:"你那儿是什么东西?"

我给他看,这是一个带有相当重量镜框的圣母像。

"您知道,也许她会保佑我,助我唱好《法尔斯塔夫》。"我说。

"你看!"他从口袋里掏出装有特殊套子的几副照片,这是他所有亲人的肖像。"你看,这是乔治,他很小就去世了。这是卡尔拉、瓦尔特、瓦丽、万达,我的父亲、母亲。这里……"他让我看上衣的另一个口袋,"这儿是永远能救我的东西……"后来我得知,这是一个耶稣受难的十字架。

当我们走进大厅时,那里已经聚集了许多观众:从美国各地来的评论家、指挥家、音乐家。当大师出现时,响起了暴风雨般的掌声,仿佛它们不会结束。托斯卡尼尼按照自己的习惯,闭上眼睛,集中精力,用果断的手势开始引子。

在每一幕结束之后,掌声越来越热烈。我从未见过大师像那个晚上那么幸福。他沉浸在威尔第杰作的凯旋成功之中,他是他的至爱。托斯卡尼尼当着所有人的面把手放在我的肩上,悄声对我说:"好样的!"

我们所有的人都容光焕发,每一个人都毫无瑕疵地表演了自己的角色,这正是大师所要求的。

这里是表演者的名单:

法尔斯塔夫——朱塞佩·瓦尔登戈

爱丽丝·福特——艾尔瓦·涅丽

纳涅塔——特列萨·兰德尔

奎克里——克洛·艾尔莫

梅格——南·梅里曼

福特——弗兰克·瓜莱拉

— 105 —

芬顿——安东尼奥·马达吉

凯伊——加伯·卡莱里

巴尔道夫——乔·罗西

皮斯托拉——诺尔曼·斯科特

美酒和诗歌

首演之后,弗利茨·拉依内尔来向托斯卡尼尼表示祝贺。他看到我说:"您唱得好极了!"

我之所以回忆起这件事,是因为一年前当我从意大利乘"火神"号回来时,我和拉依内尔同路,我告诉他,托斯卡尼尼打算和我一起准备法尔斯塔夫这个角色。在听到这个话后,拉依内尔反对说:"这是法尔斯塔夫,这不是您的角色!您是出色的福特!"

我回答说:"您知道,对我来说,托斯卡尼尼是绝对权威,如果他说我可以唱法尔斯塔夫,那就是说,他对此确信不疑。"

拉依内尔嘲笑地看着我,他说:"您的托斯卡尼尼是谁——是上帝?"

现在他当着大师的面夸奖我,他承认,他完全改变了看法,我应该满意了。

在广播电台转播了《法尔斯塔夫》之后,大师邀请我们所有人到利维尔德里来庆祝这值得纪念的日子。这是奇妙的夜晚,它使我们大家更加亲密,更加友好了。

像通常那样,由马尔佐洛大师伴奏,我要唱闹笑的歌。托斯卡尼尼把我叫到一旁,对我说:"听着,你唱的歌要尽可能逗笑些,特别是唱德·鲁卡的。"

我唱了大师,唱了许多其他客人,最后唱德·鲁卡。大家都知道，他除了是一位伟大的歌唱家之外，还是个特别节俭的人。我在自己的歌中正是唱了他的这个特点。

大家都鼓起掌来，托斯卡尼尼很满意："太好了……很俏皮……好样的！"

德·鲁卡也鼓了掌，但我注意到他面色绯红，我感到他在尽力掩饰自己的不悦。

不幸的是，就在那一年德·鲁卡辞世了。1950年8月28日，世界失去了一位最伟大的男中音。他于1876年诞生于罗马，在圣切齐里亚学院学习，1899年在皮亚琴察首演了《浮士德》。从1915年至1935年他在纽约"大都会"演唱。他是乔尔丹诺《西伯利亚》中的古莱比和《蝴蝶夫人》中夏普勒斯的首演者，那时这部歌剧在斯卡拉首演，指挥是卡姆帕尼尼，准确的时间是1904年2月17日。

托斯卡尼尼很伤心，为这位伟大歌唱家的去世感到很悲痛。他说："这就是生活，我亲爱的。我们一个又一个都会离去！"

评论界对《法尔斯塔夫》的反应好极了。

奥林·达恩斯在1950年4月2日的《纽约时报》上称："阿尔图罗·托斯卡尼尼为歌唱家和NBC的乐队做了很好的准备，用音乐会的表演形式揭示了《法尔斯塔夫》的所有微妙之处。这次演出可视为表演艺术精品中的精品——它是所有歌剧音乐中最复杂的歌剧。表演严格遵循总谱，托斯卡尼尼以他所强调的惊人的精神力量，高度的文化修养和优美的旋律征服了人们。独唱演员仿佛沉浸在歌剧的氛围中，不可能不再现自己的人物。在所有曾经在NBC上演过的这部歌剧的表演中，依我看，这次是不可逾越的。大师善于让乐队歌唱和欢笑，以非凡的准确性把歌唱者的声音统一为一个和谐的整体。"

维尔吉·汤姆逊在1950年4月3日的《先驱论坛报》上称："聆听我们这个世纪最伟大的指挥家表演如此伟大的杰

作，这是巨大的幸福。对那些没有机会听这次出色演出的人我感到很悲哀……失去了无法弥补的……这真正是绝无仅有、独一无二、具有历史意义的时刻，这是伟大大师的天才赐予我们的。"

第九章　最后的愿望

　　1950年4月17日，在《法尔斯塔夫》演出完之后，托斯卡尼尼和NBC乐队到美国各地巡回演出。NBC为大师和乐手提供了专列火车，巡演延续六周，所到之处均受到极大欢迎。我到潘辛法火车站去送了大师，告别时他对我说："等我回来后，你来找我，我想和你准备点什么。继续练习、复习《法尔斯塔夫》。我有一个设想，以后再告诉你……"

　　很快我在新奥尔良和朱塞佩·迪·斯苔芳诺唱了《弄臣》。到那儿之后我得知，托斯卡尼尼刚刚在这儿举办了音乐会。演出获得如此辉煌的成功，记者们立刻找到我，他们都希望我能介绍点大师的事。不久前他们通过广播听了《法尔斯塔夫》，听众和评论界都很兴奋。到处都在谈论托斯卡尼尼，人们用手指着我不断说："就是他和托斯卡尼尼一起唱了法尔斯塔夫！"

布塞托剧院

　　一个半月之后，我们和大师在纽约再次见面，他邀请我和妻子到利维尔德里去。大师对巡演的成果非常满意，他打算举办一个大型招待会来表示庆贺。他把整个乐队都请到自己的别墅，他对客人们说，他很快就要到意大利去，他想利用这次机会向大家告别。他和我也谈得很多，特别说到他想在布塞托上演《法尔斯塔夫》。我和他一起坐在沙发上，我看到大师非常高兴，乐手们围坐在摆放着丰盛食品的桌旁，他们正在尽情享用这些美味佳肴。

"你看看他们,我亲爱的,他们就像些孩子!你想想看,从未见过这样的情景。我只希望他们能把桌子留给我!"大师高兴地说。

1950年8月5日,托斯卡尼尼乘"火神"号船去意大利,我和妻子去和他道别。托斯卡尼尼的船舱里摆满了朋友和崇拜者送的鲜花。我记得他嘟哝说:"这是什么规矩,送花!我永远也弄不明白。如果我是位女士,那还另说。"

我们走出船舱,大师又对我说起想在布塞托上演《法尔斯塔夫》的愿望。

他说:"《法尔斯塔夫》应当在小剧场里演,观众在这里能听到这部伟大杰作的所有美妙细节,使他们得到美的享受。遗憾的是,在大剧场,许多重要的细节都丧失了。如果你能看到,布塞托的这个小剧场有多么美好。它不大,但简直就是一个珍宝!你要不停地复习法尔斯塔夫,这不仅对嗓音是很好的练习。你要让他时刻准备着,如果我的愿望能够实现……"

他独自一人从意大利回来,卡尔拉夫人因病留在米兰了。

除了这件心事,还有一些与NBC的工作有关的不愉快的事。大师常常容易生气,情绪很不好。

我常去看他,因为我感到他愿意见到我。我把我的音乐会的新曲目拿去请他判决,他提醒我还有些什么曲目可以包括进去。我问他,是否要补充一些现代作曲家的曲目,托斯卡尼尼建议我唱拉威尔《堂吉诃德与杜尔西尼》中的三首音诗。后来我经常在音乐会上演唱这三首曲子,总是受到欢迎。

大师很遗憾,在意大利,钢琴伴奏的独唱音乐会总是不太受欢迎。

"我不明白这是为什么,人们能够整晚上听一首大型钢琴协奏曲,不论好坏,两个半小时再虔诚的人也疲劳了……也听听歌唱不是更好吗?色彩要丰富得多。"

我注意到,一个晚上听一个男中音或一个男低音也会很枯燥。

"要变换曲目,其中穿插某个小提琴作品……"大师说。

为纪念威尔第逝世 50 周年,大师想在布塞托举办歌剧演出季的愿望没有实现。存在着许多障碍,瓦尔特告诉我,由于包括财政上的这些不可克服的困难,他如此渴望的设想终于没能实现。

大师对此非常难过,我记得他很伤心地对我说:"我们意大利人就是这样的人,什么也不能改变他们。你看,由德国人来纪念威尔第!"

4月,卡尔拉夫人患了心肌梗塞,大师火速飞到米兰,他没怀疑,他能活着见到她。但是卡尔拉夫人好起来了,甚至好多了。然而后来,新的危机使她的状况越来越坏,在她长眠之前,有10天她处在生死之间,她于1951年6月20日去世。

托斯卡尼尼一人留在了马焦雷湖上的伊卓里诺,他对儿子说,他要一个人安静地待会儿。

还在去世前几个月,卡尔拉夫人就建议大师为米兰的"威尔第老音乐家之家"录两张唱片。受痛苦煎熬的托斯卡尼尼仍然想完成她的遗愿,8月6、7、8号三天,他和斯卡拉剧院乐队录制了这两张唱片。

传统的意义

这年10月,我在旧金山,在加埃丹诺·梅罗拉大师创立的"梅罗拉歌剧院"演唱。我已和拉蒙·维内唱了《奥赛罗》,正在和弗斯托·克雷瓦大师准备《茶花女》。

克雷瓦是一位优秀的指挥家,他不希望我在亚芒和薇奥列塔的二重唱中,像通常所做的那样唱降G。一次在合乐排练时,他听见我仍然按传统加了这个音,就对我说:"你听,瓦尔登戈,托斯卡尼尼想来不会允许你这样做!"

我什么也没说,但我再也没唱这个降G。

但梅罗拉先生,剧院经理,在听了排练之后,把我请到他的办公室,他说:"亲爱的瓦尔登戈,我给您的报酬不菲。您为什么在第二幕中不唱那个降G呢?请您唱这个音吧,这是早已奠定的传统。"

由此我处在了一个复杂的境地：克雷瓦不让我唱这个音，而梅罗拉却要求唱！这种境况下唯一能拯救我的，正是托斯卡尼尼大师的意见。我给他写了一封快信，我相信，他的意见，谁也不敢反驳。大师给我回了信，我将全文引述如下：

我亲爱的瓦尔登戈：

在第二幕亚芒和薇奥列塔的二重唱中通常所加的这个音，我以为，正如歌剧本身一样，已经是老套了。我总是允许这样做。此外请允许我说句不恭的话：我把这个音当做威尔第本人所写。只是当歌唱者唱这个杰出的段落时，应当是带着父亲真正的不安，而不是像通常所做的那样喊叫。

谢谢你经常给我带来新消息，它曾经常常给我亲爱的人、已过世的妻子带来欢乐，感动我的心灵。请代我向涅丽问好，谢谢莫斯孔纳亲切的来电。很快在纽约相见。

你的阿尔图罗·托斯卡尼尼
1951年10月12日

我把信给梅罗拉和克雷瓦看了，从那一天开始，我一直唱这个引起纷争的降G。

当我回到纽约时，大师对我说："关于《茶花女》的这个降G有过如此多的争论，我应当指出，传统不是随便按照某种毫无道理的任性产生的。通常，这是作者已经造就，而由指挥和表演者兴起的样式，它不是偶然出现的。"

这一年我们照样应邀到大师那儿过年。

瓦尔特·托斯卡尼尼很高兴我们像前几年一样又聚在一起，他的父亲在失去妻子之后一直非常悲伤，非常孤寂。

要填补丧妻的孤独并非易事，聚会已不再有从前那样的节日气氛和活力。不幸的卡尔拉夫人！我和妻子至今还感到，没有她我们失去的太多，因为我们和她的友谊太深了。她总是非常关心我们，常常问："瓦尔登戈，你的经济状况怎样？"有一次她对大师说："托斯克，为什么你不和瓦尔登戈录点唱片呢，让他唱几首好听的浪漫曲。这样一来他可以赚些钱。你知道现在唱歌的人的生活有多难，许多人都在尽力靠他们发财。"

1951年最后一个晚上在托斯卡尼尼身旁的有：男高音贾钦托·普兰代利和夫人、男高音朱塞佩·迪·斯苔芳诺和夫人、男高音乔万尼·马蒂内里（1885–1969）、维吉尼奥·阿桑德利、佩雷迪埃大师、女高音贝姆通和我们俩人。

"你还会碰到不愉快的事……"

对我来说，1952年是很有成效的一年。我能在"大都会"继续演出，然后在辛辛那提和旧金山。

回到纽约我每次都给大师打电话，他也会邀请我立刻到他那里去。这一年他和我练习了我的剧目中所有最重要的角色，从来没有忘记复习《法尔斯塔夫》中最鲜明的段落。当我在各个剧院演唱托斯卡尼尼教我唱的歌剧时，指挥们总会夸奖我的演唱，并且问我，是谁为我准备了这些角色。

"托斯卡尼尼。"我回答，大家都不说话了。

一次弗利茨·布什大师对我说："亲爱的瓦尔登戈，在您唱时，总能感到托斯卡尼尼的影响。"

但在意大利正好相反。正因为我是托斯卡尼尼喜爱的男中音，我不得不经受来自指挥方面最不堪忍受的屈辱，如维克多·德萨巴塔（De Sabata, Victor, 1892–1967）、弗兰克·卡普阿纳等等。

在迎接新年时，我们又再次受到托斯卡尼尼的邀请。他像往常一样，想把歌唱演员聚在一起。因此我们是和托斯卡尼尼大师一起迎接的1953年。

我记得他让我唱拉威尔的《饮酒歌》，然后即兴唱了讽刺纽约音乐圈子中最著名人物的分节歌。

当人们散去时，大师又悄悄对我说："复习法尔斯塔夫，不要忘了，因为我有很有意思的计划。"

我不失时机很快又去拜访了他。

在这之前不久，我在电视台演唱了音乐会。一部分节目我穿的是戏装，一部分穿的是生活装。托斯卡尼尼一看见我就说："你知道，你还年轻，在这个'匣子'面前演唱很不容易。我想，在这个红眼睛面前唱会不很舒服，因为你什么人也看不见，但你要明白，在它的后面却隐藏着成百万电视机。"

我对他说，我被邀请在热那亚的卡尔洛·费里切剧院和米兰的斯卡拉剧院演唱伊塔洛·蒙特梅齐亚的《三个国王的爱情》。我问他，他对这部歌剧怎样看。他说，它很好听，但是他更喜欢一气呵成的前两幕。他说，蒙特梅齐亚为第三幕花了一年多的时间，为此他多次搬家，期望藉此找到灵感，但却始终没能成功。实际上第三幕缺乏率真。

我问大师，他对我要唱的曼弗雷德这个角色怎样看。他说："我可能不会让你唱这个角色，因为你的嗓音太柔和。但不管怎样，你唱吧，这有助于你进斯卡拉。只要你需要，你就到我这儿来，我们一起唱唱这个角色。"

后来他又问我："谁指挥？"

我说："德萨巴塔大师。"托斯卡尼尼摇摇头说："我亲爱的，和这个人一起，你还会碰到不愉快的事，他知道你在我这里唱。这是一位很优秀的指挥，但是他太经常改变速度。"

我在"大都会"演唱了《阿伊达》，在新奥尔良演唱了《拉梅莫尔的露琪亚》之后，我和妻子于4月16日回意大利，我将在热那亚的"卡尔洛·费里切"演唱，指挥是弗兰克·卡普阿纳。5月10日在米兰的斯卡拉演出，指挥是德萨巴塔。如果说在热那亚卡普阿纳冲着"魔术师"的某些"刺耳的话"还不太过分的话，那么在斯卡拉，德萨巴塔则超越了礼貌的界限，而我却客气地以诗歌作答。托斯卡尼尼成了先知！

6月我到巴黎，我将在那里的"大歌剧院"演唱《弄臣》，从那里我又飞到辛辛那提，在那里一直待到7月，演唱了《阿伊达》、《苏珊的秘密》、《茶花女》和《托斯卡》。

在马焦雷湖的会面

1953年，当我和"大都会"的合同届满之后，我回到意大利。9月，我到马焦雷湖的圣乔瓦尼岛上去见大师，这是个迷人的地方，他在那儿休息，寻觅安宁和平静。

瓦尔特·托斯卡尼尼命令船夫不要载任何人到岛上来，大师想独自住在岛上。

我没有任何办法说服船夫把我送到岛上去。我答应多给他钱，但是不，他听也不要听！

我对他说："你听着，善良的人，我是歌唱家，我和大师常在一起工作，现在我必须要和他谈谈，因为我要和他一起演出。"

船夫继续摇头。终于他说："你不是唱歌的，你是美国记者。"

于是我打出最后一张牌，我扯开嗓子唱了首先进入脑子里的旋律：《乔孔达》中的船歌。船夫惊讶地瞪着眼睛看看我，我的歌声征服了他，他把我送到岛上，但是他要我发誓，对谁也别说是他把我送到岛上的。

当我们在湖上游弋时，我不由地想到，我多么成功地摆脱了困境。我用船歌征服了不屈不挠的船夫。我想起了著名的歌手俄耳甫斯，他竟然能以自己美妙的歌声移动山林和岩石！当我走到大师的屋前，我没有立刻敲他的门，因为我仍然感到良心有愧，要知道我打乱了大师的宁静，他也许会不高兴。

终于我鼓起勇气，按了门铃。

我在利维尔德里早已认识的仆人开了门，我告诉他我想见大师。过了一会儿，大师本人出现了，他很高兴和惊奇地欢迎我，请我进屋里去。

他马上问到我的工作和我的亲人。他说他非常伤心没能在布塞托演出《法尔斯塔夫》。后来他又说："有谁知道，也许在'小斯卡拉'建成时能上演它。只是希望，它不是类似仓库的某种现代的东西。但如果建筑拖延，我会得到上帝的邀请……你明白，当他邀请你时，你是不能拒绝的，否则他会生气的。"他温和地笑了。

他想在一个小型剧场里指挥《法尔斯塔夫》，使歌剧所有的优点都能更鲜明地发挥出来，这是他积蓄多年的愿望。

"你要唱法尔斯塔夫，要经常唱，保持时刻准备好的状态。"他对我建议说。

我们谈了各种各样的事，谈了很久。他告诉我，前不久在美国发行了《奥赛罗》的唱片。他听了，非常好，虽然某些地方录得不很好，因为这是音乐会的直播，但总的说是一个好唱片。

"《法尔斯塔夫》会更好。"他又说。"我很高兴能留下这两部歌剧的录音，它将作为青年人的教科书而流传。我以为所有的唱片都应该这样从音乐会直接录制，这时候有观众，歌唱者感到更多的责任心，会全力以赴。因为在相反的情况下，当他知道，他错了可以重来时，在他的表演中内心的东西和热情会减少。而在《奥赛罗》、《阿伊达》和《法尔斯塔夫》中有这种热情，这是观众帮助他造成的这种气氛。"

正好这几天传来消息，法国小提琴家雅克·蒂博（Jacques Thibaud 1880-1953）逝于空难，他很难过，他哀叹："又一个伟大的音乐家走了！"我看到，大师的眼睛因悲伤而模糊了。

我对他说，明年我在"大都会"的事会比较少，他说："如果你有时间，你可以看看《浮士德的谴责》，我想法语对你不会困难，因为你的都灵方言是这种语言的兄弟。这部歌剧很少演出，然而它是这样美妙，德·鲁卡唱得好极了。"

他再一次让我千万不要放下《法尔斯塔夫》。"你要不断复习它，也许我们能复排它。"

告别时他紧紧地握了我的手，他说："我亲爱的，我们在纽约见。"

我来到码头，惊奇地发现，船夫在等着我。当我坐上船，他对我解释说，这是因为他在年轻时，在贝尔加莫的"多尼采蒂"剧院唱过合唱，他非常想把这个告诉我！我对他说："我们歌唱者，什么时候也不会互相为难……"

"你没忘记法尔斯塔夫吧？"

1953年冬天我又在纽约见到大师。瓦尔特·托斯卡尼尼经常送来大师在卡内基音乐厅指挥音乐会的票。

"8H"工作室变成了电视摄影棚，大师虽然不愿意，也不得不同意这种改变。他喜欢这个工作室，有一次我到他卡内基音乐厅的化妆间时，他对我提到这一点，他说："你看，我亲爱的，他们把我搬到这里来了，有什么办法，一切都在逐渐改变。但是在那儿我感到几乎和在自己的家里一样。"

从在纽约的谈话中，我深信，关于《法尔斯塔夫》的想法一直伴随着他，当他周围没有任何亲近的人时，他问我："我亲爱的，你没忘记法尔斯塔夫吧？你复习了吗？"

"我一直在准备，我一定保持在NBC演出时的那种良好状态。"

"太好了。你要时刻准备着。我们要在剧院上演它。"

1954年，为剧院演出的事我回到意大利。10月17日我收到托斯卡尼尼大师的女儿瓦丽夫人的信，信中说大师想见我，她要我尽快到米兰的都林大道，有可能在"小斯卡拉"上演《法尔斯塔夫》。

当我来到米兰，大师像往常一样友好地接待我，询问了我的工作状况，随后说："我打算 1955 年 3 月 10 日到 5 月 5 日在'小斯卡拉'上演《法尔斯塔夫》。这段时间你有空吗？"

我回答说："大师，对您来说，我永远都有空。我受您支配。"

"我不希望你失掉工作。角色你很熟，你和我一起准备得很好。我更多地需要和其他人做准备。到斯卡拉去，让奥尔达尼和你签合同，现在就去。"

我幸福地拥抱了他，匆忙赶到斯卡拉。

又能和大师一起唱的前景，特别是在剧院演唱我付出如此多的劳动、在无可比拟的托斯卡尼尼的指导下成为我的战马的那个法尔斯塔夫，喜悦充满了我的心窝。

遗憾的是，《法尔斯塔夫》仍然没能上演，新的失望吞噬着大师的心。为纪念威尔第逝世 50 周年而打算在布塞托的演出没能付诸实施本来就已使大师伤透了心。

他最大的愿望、最后的愿望就这样永远消失了。可叹！假如大师能实现他如此渴望的演出，他会把他的全部力量、全部智慧都融入到演出中去，无疑，这会成为具有时代意义的大事。大师的女儿瓦丽夫人把一切情况都告诉了我，下面是她的信：

亲爱的瓦尔登戈：

遗憾的是，爸爸想指挥《法尔斯塔夫》的愿望成为泡影。由于各种各样的原因，他不得不放弃。这不是正式的决定，但却是确定无疑的。我知道，这对您来说是很伤心的事，但遗憾的是，这个决定已无法改变。我想建议您同意唱《火焰》（奥托利诺·莱斯比吉的歌剧），为的是回到斯卡拉。请接受爸爸最热诚的问候，请代我向您的夫人致以衷心的敬意。

瓦丽·托斯卡尼尼

1955 年 1 月 6 日

第十章 点滴回忆

在我和托斯卡尼尼一起工作的那一个时期的日记中,我发现有一些片段不仅能表明大师是一位最伟大的、无可比拟的诠释者,而且是一位生性谦逊、高尚的人。

在日记中保存有大师在和我众多谈话时我记录下来的他的思想、言论和见解。我在这里把其中一些写出来,尽可能准确表述大师本人的原话。这对那些打算唱歌剧的青年人来说,无疑是很珍贵的。

大师断言说:"我们的艺术为巨大的、高尚的情感打开了通途,为最富荣誉感的志向敞开了大门,也许在演艺生涯中有时甚至会遇到相当多的不愉快,但在音乐家的生活中总会有这样的时刻,它会给你带来无穷的欢欣!

"歌唱者由于自己的激情或志趣选择了我们的艺术,他应当永远以宗教般的虔诚对待它,如果在他的内心里没有这种虔诚,那么最好,对他本人也是最好的做法是改换职业。当事关艺术时,永远不要有任何不正当的协议,不要有任何妥协……要记住,我们的艺术,除了创作意义,它永远还有教育意义。每一个艺术家都负有重大责任。

"我从一开始就是走的这条路,我也总是要求——有时甚至是严格要求我的乐手和歌唱者也要有这样的态度。我们一起就这样获得了成就,它使我们的心灵充满最纯洁的欢乐。"

可悲的倾向

1929年托斯卡尼尼成为纽约交响乐团的艺术指导，他把乐团提高到如此完善，因而他被认为是世界上最优秀的指挥。

1930年5月从巴黎开始、后来又在世界许多首都继续的欧洲巡演获得辉煌成功。到处都是一片赞美声，到处都在重复说纽约爱乐乐团是世界上最优秀的乐团，而托斯卡尼尼是最优秀的指挥家。

后来托斯卡尼尼常年在NBC工作。1940年在南美巡演，在那儿开了16场音乐会。1950年在纽约NBC上演了《法尔斯塔夫》之后，他立即带领这支乐团在美国各地巡演。

又是辉煌凯旋般的成功……托斯卡尼尼成为南美和美国最知名的人物和一致公认的音乐上帝。一次在NBC和坎泰利（Cantelli, Guido, 1920-1956，意大利指挥家，死于空难）回忆自己众多的巡演时，托斯卡尼尼说到这样的想法：

"我的朋友，音乐会，这很美好，应当承认，这是太妙了，比如说演奏勃拉姆斯的《第三交响曲》，柴科夫斯基的《第六交响曲》和其它杰出的传统交响乐作品，真是太美好了。但是歌剧，这完全是另一回事。音乐加上歌唱、动作、布景、服装，所有这一切都融入自己的色彩，加强印象，而在音乐会表演中不存在这些。

"我向你们承认，当我指挥音乐会时，我总是感到，仿佛在我眼前有一道大幕……这是在斯卡拉——缀有金色流苏、华丽鲜红的天鹅绒——大幕曾带给我那么多真正的幸福。"

他又对坎泰利说："当你以后指挥歌剧时，你就会明白这一切。音乐会永远会使你得到满足，但是日子越久，你会越来越想指挥歌剧。当然这时会产生困难，忙碌操心的事会更多，或者是歌唱者无论如何也抓不住你所需要的样子，找不到需要的姿势、手势，或者是美术家做的不是你所需要的布景。

"我更不用说和剧院领导的争吵,一部分观众愚蠢的偏好了……但是相信我,当你克服了这些困难时,啊,你会感到真正的幸福,它会充满你的心!"

"正是由于这些困难,——它们有时是那么不能容忍的强大,我有时甚至准备离开斯卡拉,准备和剧院告别。但是它们对我实在太珍贵了,我不能离开它们,——因为我的心永远在此!"

一次大师对我说:"你知道我为什么要说服 NBC 的领导以音乐会的形式演出《奥赛罗》、《阿伊达》和《法尔斯塔夫》吗?"

"因为您太想念歌剧了!"我说。

"就是这样!你太了解我了。我不能再仅仅只指挥音乐会。我必须再次和你们这些歌唱者合作表演我们的歌剧杰作,虽然我知道这会使我很操心,给自己找麻烦,这一切可能已不适合我这个年龄。"

剧院永远是托斯卡尼尼的最爱。他认为这是一个庄严的地方,在这里会再现人的精神,应当以最崇敬的感情接近它。

当 1921 年他成为斯卡拉剧院的艺术指导时,剧院赋予他无穷的权力,提供所有必需的经费,大师全面改组了老剧院,使它得到前所未有的繁荣。托斯卡尼尼聘请了最有经验的机械师和技术人员,全面改造了舞台的机械系统,更新了服装、布景、照明——直到最微小的细节。终止了厢座所有者和股份持有者对剧院事务的干预,——以前就是如此。不再纵容歌唱者的随心所欲,特别是那些习惯于合法或非法姑息的明星们,不再有赞助人各种隐蔽的阴谋诡计。

愚蠢的时髦

在卸去了剧院所有致命的重负之后,斯卡拉重又成为意大利最重要的剧院,出现了有如此优秀表演的歌剧演出,音乐爱好者从世界各地前来欣赏演出。

"那是些什么样的年代哟！是我一生中最美好的时光！"大师回忆说："大厅中热情温馨的氛围有助于创作，赋予表演崇高和华美。明亮的枝形吊灯，闪闪发光的镀金层，由绸缎和天鹅绒制成的覆盖物组成和谐的整体，妇人们穿着华贵的晚礼服，在白晰的脖子上贵重的饰品争奇斗艳。男人们穿着燕尾服，军人们身着盛装。

"多么壮观的景致哟！

"而现在，在露天地里谈论歌剧表演。这简直是胡闹！在露天只应该踢足球！

"现在时兴不用任何布景装置演歌剧，就在钢筋混凝土墙壁的背景上，这些场所更适合电影，适合舞蹈晚会或体育比赛。多么愚蠢！就这样扼杀了环境的温馨、感人，环境的隐秘性，丧失了使心灵感受歌剧演出的美好氛围。"

大师继续说："我当然知道，也不能不同意，随着电影、电视和所有其它魔鬼般现代发明的出现，剧院也要在某种程度上现代化，但一切都要适度！

"对那些由于过分热心适应现代方式，而改变歌剧故事发生时间的人说些什么呢？你能设想把古诺的《浮士德》任意地从中世纪改到19世纪吗？怎能忘记在这个世纪要谈什么迷魂药、魔法、魔鬼是多么可笑！你对这太了解了！一个戴着高筒帽的魔鬼出现在舞台上……更岂有此理的是，他不知从哪儿变出一支兔子或是鸽子———一切都顺理成章！

"我曾看到过在最后一幕中穿着优雅的玛侬。显然没有任何人注意脚本的情景说明，其中说：玛侬和德格里埃穿着破旧的衣裳。

"夏莫尼的琳达（多尼采蒂）也是如此。在最后一幕中她突然穿着华丽的晚礼服和现代鞋出现在舞台上……要知道她是从很远的地方来到巴黎，穿着朴素的旅行装走了很长的路。

"有些人物现在也被美化了,改变了头套和服装的各种细节,对此我不反对。不幸的是,立即开始滥用这些方法!比如说,我看见男高音在他必须戴假发的角色中现在不戴假发。这不是他们的过错,而是领导人纵容他们这样做,他完全不应该容许类似的事发生!

"你说说,比如,怎么能接受《露琪亚》中的艾德加,16世纪的人物,仿佛刚从美发院出来,高耸的发型,笔直的中缝。然而你知道,那个时候戴的是披肩假发!

"我亲爱的,你总是戴着假发,从不允许自己搞这种现代的随心所欲。假发立刻会改变你的人物的表情,使你所体现的人物有一副准确的面貌。没有假发,你要记住,你永远都是瓦尔登戈!

"观众来到剧场看表现某个时代的演出,他们想看到的正是那个时代,他们有权不受愚弄和欺骗!

"你还要记住,如果你要扮演恶人或反面人物,不要过分强调他不好的方面或特点,这会使观众感到不舒服。

"如果担任《丑角》中托尼奥的歌唱者要装扮成丑陋的人,不要忘记,这个人也有灵魂和心灵。如果这样来表演这个角色,定会对观众造成更深刻的印象。"

有一次我对大师说,"城市中心"剧院没有提台词的人。对于这个问题他说:"我不想引起所有提词人的愤怒,但我要老实说,我也会辞掉提词人,我认为'城市中心'不用他们是正确的。首先:这不美观。你自己想想,看到这么一个箱子,有时它非常大,简直像个棺材,矗立在舞台中央,旁边还有一面可笑的镜子,难道你觉得愉快吗?其次:我深信,没有提词的人完全能做得很好。相信我,只要角色准备得很充分,所有的表演者都知道自己的剧词,而担任指挥的人对此也很熟悉,提台词的人就完全不需要了。

"当我们在 NBC 表演《奥赛罗》、《阿伊达》和《法尔斯塔夫》时，难道你觉得需要吗？一切都进行得很好，不需要任何人提词。为什么？因为我在钢琴旁就已为你们准备好，当我感到必要时，我会认真地鞭策你们。"

大师强调，姿态和舞台调度也必须经过仔细考虑，就好像化妆和服装一样。他说："当然不容易，同时又唱又做动作，而且还要很自然。但只要你用功练习了，你就能做得很多。

"必须使刚从音乐学院毕业的歌唱者在某个大歌剧院演唱次要角色来获得很好的实践，在那里他会见到有经验的歌唱家，他们的范例对他们是十分有益的。更不用说，这些歌唱家的建议会成为他们真正的宝贵财富。"

帕杰罗的皮鞋

关于这个话题，我对大师讲了一件事。在我从都灵音乐学院毕业后，男低音坦科莱吉·帕杰洛听了我的唱，他给了我许多忠告，甚至帮我进入斯卡拉，在那里我起初演次要角色，后来演唱主角。

托斯卡尼尼很了解帕杰洛，对他评价很高。他说："你能得到像帕杰洛这样有经验的歌唱家的支持，你太幸运了。我记得有一次他给我开了一个拙劣的玩笑，我差点没把我的指挥棒向他扔去。"

我很想知道到底发生了什么，但是那天大师不愿意公开，他没有继续谈。

我告诉大师，帕杰洛是在1938年3月31日在都灵歌剧院初次听我唱的，那时他在唱穆索尔斯基的歌剧《鲍里斯·戈都诺夫》的主角，我唱舒伊斯基。演出后他问我，愿不愿到亚历山大去参加由当地妇女慈善协会举办的音乐会。

"您能想象，亲爱的大师，和坦科莱吉·帕杰洛同台演出，对我来说是多么大的快乐。当然，我立刻愉快地同意了。"

"音乐会怎样？"大师很感兴趣地问。

第十章 点滴回忆

"很好,"我回答,"但是有一件很可笑的事。在都灵我忘了带我的黑漆皮鞋,在音乐会上这是必须穿的。帕杰洛对我说,他不能让我穿着燕尾服而配一双棕色皮鞋上场。他让我试试他的鞋,它们正合适。于是,当他唱时,我穿着袜子站在侧幕旁。当轮到我上场时,他把他的鞋子脱给我,坐在桌子上晃动着双脚!但是大师,最可怕的事还在后面:音乐会结束时,我和帕杰洛还有一段二重唱。怎么办?帕杰洛机智地摆脱了困境:他从司幕人那里脱下他的皮鞋,一切顺利进行。"

托斯卡尼尼笑了,他说:"你们唱歌的人,什么事都会发生。"

我记得,后来,在音乐会表演《阿伊达》前不久,当我们到 NBC 我们的化妆间去换服装的时候,托斯卡尼尼在走廊上遇见我,他立刻看了看我的鞋,当他发现是棕色的,就说:"我亲爱的,你要仔细些!要知道我不能像帕杰洛一样把自己的鞋给你,因为我自己也需要。"

我对他说,从我和帕杰洛一起唱过的那天起,在我准备出发去开音乐会时,我做的第一件事就是把黑漆皮鞋放进箱子里。

这里我要做一点插叙。回到意大利,我在米兰遇见帕杰洛,我向他说起我和托斯卡尼尼的谈话,我问他你那个时候犯了什么"罪过",让大师那么生气。

帕杰洛大笑起来,他说:"简直是魔鬼,不是人……至今还不能忘记那件事。我们在斯卡拉唱《命运之力》。在终场的三重唱时,也不知道是怎么回事,我漏了几句。我永远也不会忘记托斯卡尼尼从他的指挥台上向我投来的愤怒目光。我想,假如可能,他会就地打死我!但最有意思的事是在后来。大幕刚一落下,我没有和其他的演员一起上台谢幕,我跑到我的化妆间,锁上门,祈望能逃脱即将降临到我头上的风暴。我躲在黑暗中因害怕而颤栗,突然听到走廊上传来脚步声,天哪!这是大师!'开门!开门!'他大声喊叫,用拳头使劲敲门,当然我不敢开门。

他等了一会儿走了，他起初讲了他对我所想说的一切，还提起那些偷听并告密的人所散布的最无理性的东西。过了一段时间，我竖起衣领，压低帽子遮住眼睛，从化妆间溜出来，幸运的是我很轻易地脱身了。因为通常托斯卡尼尼在发泄之后就会平静下来，以后他再也不会忆起它。他的性格就是如此，你对此很了解。"

帕杰洛还对我讲了另一件有趣的事，这是在1925年。

"托斯卡尼尼让我准备威尔第的《唐·卡洛斯》中的菲利普。我练得很仔细，当感到我已准备得很充分时，我决定去找大师。

"他自己为我伴奏。我很有把握地开始唱引子，看到他没有让我停下，也没有提任何意见，我大胆地把整个角色从头到尾唱了一遍。我想，既然平常以挑剔出名而使所有人都胆战心惊的大师没有让我停下，那就是说一切都很好。当我唱完，托斯卡尼尼叹了口气，而我神采奕奕，靠在钢琴旁，看着他，等待他的夸奖！他站起来，拍了拍我的肩膀，说：'好吧，好吧……明天我等你，我们开始准备角色。'"

德·鲁卡和维内

当我们谈到演员的技巧时，托斯卡尼尼说："在意大利音乐学院要更多地注意舞台技巧，哪怕是依靠音乐史。对大学生音乐史讲得太少，因为歌唱者在开始自己的艺术生涯之后，还有许多可能深入了解它。最主要，的确最必需的，这就是要研究 bel canto，当然是要在经验丰富的歌唱家的指导之下，而不是教师。教师往往是很杰出的音乐家，但却不懂声乐技巧。而更重要的是从第二学年开始的视唱练耳（solfeggio），然后是舞台动作，演员技巧和钢琴。

"如果从一开始就在表演技术方面给年轻人指明正确方向，那么就可以避免歌唱者在舞台上表现得很明显的缺陷和不足。我甚至可以肯定地说，这些缺陷和不足会引起观众的反感。

"有一些歌唱者在舞台上动作过多,另一些正相反动作过少,第三种人不知道手往哪儿放,第四种不停地转动眼睛,就像洋娃娃一样。所有这些缺点不难纠正,但是像世界上的一切事物一样,都应当从一开始、从在音乐学院学习时起就行动,不要指望后来在艺术生涯开始之后再改正。越晚开始,改正会越困难。

"在我的整个艺术生涯中,我极少遇到天生就有戏剧表演才能的歌唱家。无疑,德·鲁卡就是其中之一,在任何戏剧情节中,他都能很好地掌握自己。假如你看到他在《弄臣》中的表演……他简直是太出色了!在第一幕中他做的像马术一样的跳跃,真是一个绝妙的宫廷丑角的形象。"

我告诉大师,德·鲁卡为我提示了沙尔普莱斯的手势和面部表情,使我在第二幕和蝴蝶夫人凄切二重唱的结尾,给观众留下深刻印象。

"德·鲁卡是一位伟大的歌唱家,一个聪慧的人。此外,他有一种特殊的能力,使观众关注自己。"托斯卡尼尼说。"还有另一位歌唱家,也具有这种绝妙的戏剧才能,这就是维内。在角色中他是真正伟大的,不可逾越的,这里需要智慧和力量。在奥赛罗这个角色的表演中,今天没有一个歌唱家能够和他媲美!所有的,相信我,几乎所有和我合作过的歌唱家,我都不得不为他们花不少力气,首先使他们做到所必需的舞台表演,使他们的角色是生动的,真实的,正如音乐的创作者所希望的那样。有些角色表演起来非常困难,你自己也知道,为了创造雅戈的形象你费了多大的力气,为表现他的狡猾,在手势和面部表情方面要做多少练习。从表演技巧方面说,法尔斯塔夫这个角色不那样复杂,虽然其中也有他极其困难的地方。"

托斯卡尼尼经常拿音乐和绘画作比较,他非常喜爱绘画。

"音乐和绘画是姊妹,我甚至要说是双胞胎。"他经常这样说。"但是,音乐与其他美化人的生活的艺术同样有着亲密联系。

当你为某种美好的图景,它的美丽、色调、色彩的柔和、空气的清新、明亮和暗淡的嬉戏而惊叹时,你感到,在你身上仿佛燃起一种圣洁的冲动,就像美术家在创作他的作品时一样。相反,如果画面是灰暗的,乏味的,单调的,即使是表现出色,它也永远不会使你激动。音乐也是如此,只不过我们有自己的色彩——轻、更轻、强、渐强、渐慢等等,也就是说我们也有自己的调色板,和美术家的一样丰富多彩。问题在于要善于运用它,正确调剂色彩!我们的乐器是重复手腕的运动,而我的指挥棒,这是象征意义的手腕,它在空中挥舞,它表明它所需要的色彩,由表演者用声音再现出来!"

有一次谈到戏剧评论。"总的来说,批评总是很容易,很简单。遗憾的是,往往不够客观,缺乏应有的理解。评论家在动笔写自己的文章之前,应该想想,表演者在他登台面向观众之前遇到过何种困难。如果评论家自己经受过这些困难该有多好。请你相信,那样他会写得完全是另一个样!

"我记得有一次,著名的法国钢琴家吉泽金(Gieseking, Walter, 1895 – 1956)在开始音乐会曲目之前,在钢琴上弹了一段快速的琶音,他转过头对观众说:'看起来这似乎很简单……你回家试试看!'他想回答一位坐在台下的评论家,他曾不友好地批评过他。

"也应该考虑到,在任何歌唱者的实践中,都会出现许多意想不到的情况会影响到他的状态,其中首先是健康。一件微不足道的小事,小小的病痛,某种不愉快……足够了。

"所有打算写评论的人,都应当考虑这一切,不要仅仅为批评而批评!我认识一位很著名的、值得尊敬的评论家,他——不可思议,但却是事实!——完全受自己妻子的影响。如果她不喜欢哪位歌唱家,他就该倒霉了!丈夫会用自己的笔扼杀他!

"评论家应当是旗帜鲜明的,通情达理的,公正客观的,有良好愿望的，而不应像通常那样杀气腾腾。

"观众有时也会对歌唱家很不公平。当我还是一个小男孩儿时，常常听到我们帕尔玛的一些普通人说：'今天要演《弄臣》，我们去嘘一嘘那个男高音！'我亲爱的，你想想，他们竟是带着这样的目的走进剧场！"

托斯卡尼尼对都灵怀有温馨的回忆，他的创作活动，他最初的成功正是从那儿开始的，在这里他遇见了后来成为他一生忠诚伴侣的卡尔拉夫人。每次当谈到都灵时，大师都很激动。

有一次他说："1886年秋天，我在都灵的'卡利尼亚诺'剧院指挥卡塔拉尼的歌剧《爱德美亚》。当地的报刊和观众用轻蔑的口吻来评论这件事，他们无论如何也不明白，怎么能相信这么一个孩子指挥歌剧。

"我至今还保留有那个时候都灵报纸的剪报。这是一幅漫画，上面画着一个穿着短裤的小男孩，手里拿着指挥棒。他摇摇晃晃地坐在椅子上，他面前的谱架上没有总谱……按照这些开玩笑的人的意见，这个男孩就是我！

"晚上演出时'卡利尼亚诺'剧院坐满了人，观众显然是想来反对我的，但演出非常完美，结束时卡塔拉尼走上台，激动地拥抱了我！"

在家庭氛围内

在托斯卡尼尼漫长的艺术生涯中，他曾和很多表演艺术家一起工作，这是些性格各异的人，并非所有的人都能承受大师的建议和指责。其中还有不少是嫉妒心很强的人，他们形成了一个造谣中伤者的圈子，给托斯卡尼尼抹黑。当他们不能用毒针刺伤作为杰出指挥家的托斯卡尼尼的时候，他们便千方百计地极力诋毁作为人的托斯卡尼尼。他们散布谣言，说什么他的性格怪癖、偏执、恶劣。假如本书的读者有机会和这些人中的某个人聊天，你大概会听到这样的话："托斯卡尼尼？音乐天才，但是性格太坏了！"或者说："托斯卡尼尼？真遗憾，那么古怪的性格……简直没法容忍……"还有其他种种类似的话。一大批志同道合真正为音乐服务的人反对这些诽谤者，他们"理解"大师的愤怒和激愤是完全自然的表现。

在家庭氛围内，托斯卡尼尼永远都是一个善良亲切的人。当在NBC排练了整整一天，有时甚至是困难、疯狂的一天之后，他回到利维尔德里，回到坐落在哈德逊河岸大花园内自己温暖的家，他在那里又得到安宁。他立刻走近卡尔拉夫人，对她讲在排练时所发生的一切，毫无遗漏地，甚至最细小的细节。

有时晚上，卡尔拉夫人给我打电话，告诉我她从大师那儿了解到我可能感兴趣的一些事。她常常向我建议："瓦尔登戈，不要反对大师，让他宣泄自己的感情，让他叫喊，因为随后他会平静下来。别反对他，即使您认为您是对的时候！"

一次她来电话，问我在排练时发生了什么事，因为托斯卡尼尼回到家时面色阴沉，眉头紧锁，只说了一句话："可诅咒的指挥歌剧的那一天！"我回答说，排练很好，只是对《阿伊达》凯旋进行曲中的圆号不满意。他们使大师非常生气，他完全不能容忍表演时漫不经心。

一次我们在利维尔德里排练，托斯卡尼尼从钢琴旁站起来，指点我法尔斯塔夫在台上应当怎样动作。这时卡尔拉夫人拎着一个大包进来，她说："托斯克，求求你，试试这件上衣。"

托斯卡尼尼看看她，又看看我，显然他不高兴，但他还是脱了自己的上衣，换上妻子拿来的那一件。卡尔拉夫人对我说："您看，我要自己去为他买衣服，因为他永远没有时间。只有对音乐，他永远都有时间！"

我看了看大师，新上衣似乎太大了。我不想说出自己的意

第十章 点滴回忆

见,但大师从我的眼神中已明白了一切。他说:"卡尔拉,难道你想让我穿这样的衣服见人?难道你看不出这像个大袍子?"

我不知道该说什么。卡尔拉夫人还想在他身上矫正一下,我永远也不会忘记大师求助的目光。忽然大师大声说:"卡尔拉,我已经这样老了,为什么你还要把我打扮得这样难看呢,太过分了!"

卡尔拉夫人回答说:"我把它改瘦一点,会很合身的。"他们互相看了看,两人都乐了。

大师非常喜欢伺弄自己的养禽场,那里养着许多金丝雀,是由一对金丝雀生的。两个大鸟都有名字,其中之一,那个无休止地生小雏的老金丝雀是他的最爱。我看见他用一根细棍敲它,金丝雀认识他,从他的手上啄食。当他用树枝打它时,它会停下来,大师对它说:"你什么时候不再生孩子?难道你没看出来,你把自己弄得太累了?"

常常有许多人晚上到利维尔德里来作客,待到很晚。大师热情地参加争论和谈话。他惊人的记忆力使他很不经意地讲起最久远年代的故事,他记忆的清晰往往使听者倾倒。这说明他非凡的能力,过去某个时候曾在他身上发生的事情都历历在目。

大师很喜欢说笑。他喜欢滑稽可笑的分节歌,我和阿桑德利经常在这样的晚会上即兴演唱。在我们的强烈请求下,他也会自己讲些在他漫长的岁月中曾经发生过的有趣的故事。

托斯卡尼尼对友谊有自己的观点。他认为这是神圣的亲密关系。友谊也和创作活动一样,容不得任何妥协。

当法西斯恐怖压在他头上,和他站在一起被认为是反对法西制度的敌对行动时,许多朋友都团结在他的周围,在纷乱中向他表达自己的友情和同情。但也有的人,出于胆小怕事而站在一旁漠不关心。这些人在大师的心目中再也没有地位,即使是后来其中有些人恭顺地想恢复昔日的友谊。托斯卡尼尼对我说:

"瓦尔登戈,你要小心那些曾经向你发誓和你友好,但在关键时刻却不能证实他的诺言的人。对这些人不用生气，不要恨他，但永远不要再让他进入你的朋友圈子。你要记住：谁背叛过一次，他就能背叛第二次，再也别相信他。唉，生活中会遇到许多这样的假朋友！"

托斯卡尼尼非常热爱自己的祖国。1950年6月5日，他乘"火神"号轮船回意大利，我去送行。看起来他非常幸福，他对我说："回意大利的旅程将给我带来无穷的快乐，尤其是当我终于看到祖国的海岸时！"

高尚的心灵

许多故事都能证明托斯卡尼尼的气度不凡和不记恨得罪过他的人。

当托斯卡尼尼还在帕尔玛音乐学院学习时，一次他为了某个小事和同伴打起来，头部受了伤，流了血，受到了严格的调查。院方领导不喜欢这种破坏纪律的打闹，想知道肇事者的名字。要是另外的人处在托斯卡尼尼的地位，会利用这个机会报仇，但他不愿这样。他坚持保持沉默，经受了不轻的惩罚。

在法西斯倒台之后，人们已经知道1931年5月14日在巴隆伤害托斯卡尼尼的罪人是谁，在记者问到这件不愉快的事时，大师说："我已经忘记了伤害我的人的名字。我对他没有任何恶感。不是他，而是很多背叛了祖国、毁坏了公民所有自由原则的人应当对此负责。"

在南美的里约热内卢巡演时，小提琴手扎克·图申斯基因车祸遇难了。大师为此非常难过，他立刻带头为这不幸的家庭捐款，自己捐了2000美元。

在帕尔玛曾和托斯卡尼尼一起在音乐学院学习过的一些音乐家，经济条件十分拮据。他们时不时地从邮局收到匿名汇款，这对他们真是雪中送炭。这是大师对他们的资助,他秘密地、大方地帮助自己的老同学。

1921年12月,斯卡拉剧院再次揭幕,托斯卡尼尼被委任为艺术指导。在他的领导下,老剧院又获得自己过去的辉煌和荣誉。剧院领导为了对大师使剧院得到再生做出的贡献表示感谢,剧院要在合同之外奖给他10万里拉。大师拒绝接受这笔钱,他认为他没有做什么事值得他们采取这样的举动。院领导坚持这样做,最终他让步了,但他把钱献给了剧院。

当一个纪念伟大作曲家的音乐节要请大师指挥威尔第的歌剧时,他拒绝接受任何酬劳。因为他认为,为表达对威尔第的敬重而收钱是不光彩的。他对威尔第怀有深深的敬意,他一生中指挥了他的许多作品。

在他漫长的艺术生涯中,他无数次为慈善目的献出了自己的酬金,——要是列出一个帐单,一定会很长很长。

一位重要人物对托斯卡尼尼讲了许多真诚热情赞美的话,大师回答说:"我只是一个忠实的音乐家。一切荣誉都归于作曲家,而不是表演了他的音乐的人!"

一位乐手一次问托斯卡尼尼,他是否愿意在勃拉姆斯的这个段落做一个渐强,他冷冰冰地说:"这是勃拉姆斯需要这里渐强,而不是托斯卡尼尼!"

大师总是对每次演出之后经久不息的掌声感到十分不快。他说:"掌声应当属于那些创作了音乐的人,而不是表演它的人。我唯一的贡献就是我悟到了作曲家在灵感的爆发中所经受的情感……不会更多……与音乐的创作者相比,这太微不足道了!"

当第一次排练一个新作品时,他对乐手说:"你们要按所写的那样演奏音乐。这很简单——就这样演奏。现在我们要把心灵、热情和色彩融入音乐中去,写了这首曲子的人希望在音乐中听到这一切!"

最后的祝愿

在结束我的回忆之前,我想讲一件有意义的、激动人心的事。这是在 1956 年 12 月,我在都灵,打算和家人一起迎接新年。但我的思绪总是牵挂着大师,每年我在这时都要向他表示祝福和问安。这些天我特别思念他。不知为何,我总感到他就在身旁听着我。

这次我决定送他一个非同寻常的新年礼物。我不利用邮局和电报局,我决定送给他一个录有我的祝福和问候的磁带。

在我正在准备这个录音时,我的朋友吉诺·奥里维尔来看我。他是一位优秀的、有很强鉴赏能力的音乐家,托斯卡尼尼的老崇拜者。他每一次到我家来,都要听托斯卡尼尼指挥的录音,并且很激动地评述他,赞叹指挥的技艺。他对我说:"谢谢你,皮诺,你给了我最美好的时刻!"

当他得知我在忙什么的时候,他问我,他能不能也对大师讲几句热情的话,我很高兴地同意了。很快托斯卡尼尼的其他崇拜者也得知了这个消息,我在这个磁带上录下了很多其他爱他的朋友和崇拜者的问候和祝愿。我们用《法尔斯塔夫》和《奥赛罗》的一些优秀篇章做音乐背景,我们的问候和祝愿就这样在威尔第天籁般的音乐背景下鸣响。

录音准备停当,我的一位朋友正好这几天要去纽约,他答应把录音带亲自送给托斯卡尼尼。

最后一刻我又录了一位大师的崇拜者——著名的预言家"卡普秦修会"神父安东尼奥·德卡斯德拉马莱的祝福。我用《奥赛罗》中艾尔瓦·涅丽唱的"Ave Maria"做他讲话的背景。非常幸运凑巧的是,当神父说出对托斯卡尼尼的祝词中"阿门"这个字时,艾尔瓦·涅丽同时唱的正好也是这个字。

新年之后不久托斯卡尼尼就病了,1957 年 1 月 16 日辞世。但我从瓦尔特处得知，大师收到了我们的录音，去世前不久他听过它。

失去如此有恩于我的人，对我来说是无穷无尽的悲哀。历历在目的回忆使我的悲伤更加沉重。我想到我送给大师的最后的祝福，想到他在利维尔德里别墅的工作室，在那里曾经鸣响过如此美妙的音乐和歌曲。我很痛心，最后几年，大师由于不能实现他最后的愿望——谢世前在意大利再指挥一次《法尔斯塔夫》而受尽煎熬。

我不得不极其痛心地指出，一位受到全世界赞美，被称为最完美、最锱珠必较，同时又是不朽作品最辉煌诠释者的伟大大师，他的同胞却使他没有可能在布塞托或斯卡拉的小剧场再指挥一次《法尔斯塔夫》。《法尔斯塔夫》是他指挥创作的高峰，他想以此作为对威尔第最后的敬意。这个阴影将永远压在起初是在布塞托，后来是在斯卡拉的小舞台上不允许实现伟大指挥家最后愿望的那些人的心上。

*　　*　　*

在我这本小书中，在我简单叙述我一生中最幸福的这个阶段时，我提到了各式各样的人，如果我不留意得罪了什么人，我要请他原谅。我主要的任务就是要向那些关注、厚爱我的读者，描绘伟大大师生活的某些片断。我在这里是微不足道的，我只不过是他的"配手"。在本书中说了，做了，痛苦了，高兴了的人物，这是他：阿尔图罗·托斯卡尼尼。如果说我在某种意义上暴露了他的秘密——他的心灵的秘密，我希望他能宽恕我。

我期望那些把自己献给我们共同的事业——歌唱艺术的青年人，在读了这本书之后，在读了我的这些朴素的回忆之后，能够懂得和认清它们的价值。我希望，我直接从大师本人口中听到的这些珍贵的意见和建议能对他们有所裨益！

附 录：

——摘自 M. 拉布罗基和 B. 波卡尔蒂《托斯卡尼尼的艺术》一书

歌唱家谈剧院的复兴

在托斯卡尼尼艺术生涯开始的年代，歌剧院处在条件优越的时期。虽然演出几乎经常是粗枝大叶，但歌剧演出仍然是极其重要的事件：不仅在城市，甚至在意大利小的乡村都有音乐剧场。

演出歌剧的场地规模不大，但是它们往往很像真正的剧场：马掌形的正厅，两层或三层的楼座，还有走廊。在没有固定剧场建筑物的地方，就利用适合演歌剧的古老的宫殿大厅。可以准确地说，歌剧院是那时能使意大利人感到激动的唯一快乐。托斯卡尼尼就是在这种共同热爱歌剧的氛围中迈开了自己最初的脚步。重要的是，从这时起，在忠诚服务于音乐的时候，他看到，歌剧院的"明星制度"应当向哪里引导，于是他为更新方法和传统而进行了顽强的斗争。

因此首先要介绍音乐学家奥杰尼奥·加拉的评论，他是歌剧戏剧史和歌唱技术的最严肃的研究者。

"关于过去的歌唱家有一系列的文献。他们被人们赞颂，就像一张坏了的唱片，重复着同样的东西：从前比现在唱得好。顺便说说唱片：在听上世纪（19世纪）末或本世纪（20世纪）初的歌唱录音时，我们确信，那时的确有更优美、有时甚至是技巧惊人的嗓音，但同时我们也遇到令人极端厌恶的现象——毫无根据随意放纵地对待杰出的音乐。托斯卡尼尼，特别是在领导斯卡拉的年代（从1921年起），是这一方面真正的复辟者。他要求所有的表演者，从最有成就的男高音歌唱家到普通的歌唱者，都要尊重音乐原意。某些人，特别是那些被赶出斯卡拉的歌唱家都会说，所有这一切都仅仅说明他的傲慢，他要把自己、把'自己的音乐'摆在首位，把歌唱者放在不受重视的地位。然而却发生了令人费解的事，这就是出现了新的'托斯卡尼尼式'的歌唱家，他们完全遵循作曲家的意图，由此得到惊人的成果。

"哪怕我们只举三个人的名字：《法尔斯塔夫》中的斯塔比莱、《露琪亚》中的托蒂·达尔·蒙特和同一部歌剧中的佩尔蒂莱……达尔·蒙特的出现是真正的奇迹，而不是简单重复过去传奇般的辉煌。她非凡优美的音色，纯正的音调，不可言传的华美和温馨，使她的露琪亚成为生活在另一个世界的神话般的人物。我胆敢夸张地说，她的歌唱是真正的诗歌。奥连利安诺·佩尔蒂莱却完全是另一样的。人们称他为'托斯卡尼尼式'的男高音。他的形象仿佛由高超的雕塑家雕琢而成，而他的声音直接发自内心。

"不！歌唱家并未成为托斯卡尼尼的牺牲品或是受到他的压制。事实上除他之外，没有任何人这样善待真正热爱音乐的歌唱者，事实也证明他们热爱音乐……"

托斯卡尼尼对歌唱者的严格要求在振兴歌剧戏剧中起了重大作用。这里我们举一些事例来说明，大师赋予歌唱者的嗓音和表演技术以多么重要的意义。

最博得好评和最杰出的女歌唱家丽琪亚·阿尔巴内西（Albanesi, Licia, 1913, 意大利女高音）和罗莎·拉伊扎揭示了托斯卡尼尼对歌唱者的要求。

丽琪亚·阿尔巴内西：

"他从我们每一个人身上挖掘我们所具有的最好的东西。大师说：'你们必须献出你们的最后一滴血！'他是对的，因为艺术产生于你真正付出一切的时候。他希望美好不仅表现在歌声中，而且表现在每一个地方，表现在一切之中。无论是小提琴还是大提琴，所有乐器都要流淌出优美……'艺术加心灵'——他喜欢这样说……"

罗莎·拉伊扎：

"和托斯卡尼尼一起工作，我明白了，赞许，好的解释，真正珍贵的建议有多么重要。这首先因为，它们永远源于音乐。我很骄傲，我和他一起唱；我知道他很严厉，但是我是一个永远都愿意学习的人，虽然我和很多指挥家合作过，但在他这里我学到的更多。一次我对他说：'大师，你使歌唱者入迷。'如果他发现歌唱者达到了自己能力的极限，他不会强迫他过分用力，而是技巧地提示他，如何能得到更多。当我们歌唱时，请您相信，他就像我们的父亲。"

女中音阿尔维拉·卡扎察这样回忆她和大师一起工作的情景：

"和托斯卡尼尼一起，甚至最不聪明、最没有本领的歌唱者也会唱得好起来。除了大家都知道他是一位伟大的指挥家外，大师还教我们唱，他还是导演。他随时随地都给我们帮助，特别是在我们生病的时候……一次在演《埃克比骑士》的时候我身体不适，托斯卡尼尼教我唱，使我不感到疲劳。他帮助我们，呵护我们……我不知道他是怎么做到的，和他一起，甚至病号也能唱得很好。对我来说，他是一个绝对绝无仅有的人，是世界上唯一无所不知的老师。谁能在他的指导下歌唱，真是莫大的幸福。

"在彩排《黛宝拉》时，我受到他惟一的一次谴责。应当指出，托斯卡尼尼不能容忍不用全力歌唱。那个晚上我感到很疲劳，我小声唱。大师把乐队停下来，对我说：'卡扎察夫人，请您唱！'我竭尽全力努力唱得更好。排练后当我回自己的化妆间时，他迎着我，拉着我的手说：'你们唱歌的人，总要让人赶着你们走！我还从来没有听到过你像今天唱得那么好！……你要记住，你唱得越多，你会唱得越好！'"

1923年，托斯卡尼尼把莫扎特的《魔笛》引入斯卡拉的剧目，著名的女歌唱家阿达·萨丽在这次演出中唱了夜后。她回忆说：

"刚刚结束了在巴黎歌剧院的音乐会，我立刻坐上去米兰的火车，一路上我都在练夜后这个角色。到米兰后我立刻来到斯卡拉，音乐指导正在那里等我。托斯卡尼尼大师不在，但我仍然感到他就在我的近旁，在大厅里。他从未听过我的嗓音，却信任斯卡迪阿尼的推荐、评论界的反映和米兰观众的意见而邀请我来剧院。

"我从早已成为我的曲目的咏叹调开始排练。但是几小节之后音乐指导停了下来：'萨丽夫人，不是这个词，我们已经按福尔察诺大师翻译的另一个版本排练两个月了。'听到这个消息，我惊讶得一句话也说不出来，这简直是太可怕了。离合乐排练只剩几个小时了，在这么短的时间内我无论如何也不可能学会新词。晚上托斯卡尼尼大师允许我拿着谱子唱。我知道托斯卡尼尼对歌唱者、对乐队的要求是非常严格的，要达到准确和完美。我对自己的角色还不熟悉，因此第一次排练对我来说简直就是折磨。当我高高地站在台上，站在月亮上的某个瞬间，由于光线不够，我看不见谱子上的字，我没有出声。我紧张地等待着大师的反应。忽然我听见他自己在唱我的角色，继续排练！休息时他来到我的化妆间，微笑着客气地对我说：'我希望明天彩排时您不用拿谱子唱。'幸运的是一切都很顺利，而我不得不付出了很多劳动。"

在这些和其它回忆中已经很清楚,托斯卡尼尼在和歌唱家做准备时,他根据表演者的个性明智地改变自己的方法。他适应演员的智商结构,他的音乐感和他的性格。托斯卡尼尼在活动的每一个阶段都是如此。我们举几个在不同时期和大师一起工作过的歌唱家所讲的例子。

在1923年难以忘怀的《茶花女》的演出中,吉尔达·达拉·丽察唱了主角。她在托斯卡尼尼的指导下准备了这个角色,那时她完全是一个年轻的歌手,听她讲她和大师的见面是很有趣的。

"1923年以前我就认识了大师,那时他正在寻找适合茶花女的富有激情的嗓音。他想排一部有别于传统的歌剧,也就是说演一部威尔第所写的那样的歌剧。他听了很多歌唱家(我想,有许多比我好的嗓音),但她们都太'轻巧'了,按照他的意见,这不适合薇奥列塔。而我的嗓音是结实的女高音(我唱过《黎米尼的弗兰切斯卡》,《安杰丽卡修女》,《小玛拉塔》,《来自西部的姑娘》),托斯卡尼尼认为我是理想的薇奥列塔。'你试试唱一段这个角色的句子,表现一下自己的能力。'他说……总之我唱了,他说:'有时你唱得像低音提琴,但你还是练练这个角色。'

"我感到很荣幸,开始准备《茶花女》的第一幕。在四周期间,我每天两次和卡鲁吉奥大师见面,他极有耐心地要我相信,一切都会好起来。但是一天早晨,当他看到我没有信心时,他对我宣称,'吉尔达,斯卡拉不可能再等待,我们要做决定,否则他们会找穆齐奥',而穆齐奥是女高音女皇。我冒险地给斯卡拉发去电报,说我同意在那里举行我的首演,但我想先演《茶花女》。假如我从《露琪亚》开始,我会脱离常规,不可能唱《茶花女》杰出的第一幕(它是最困难的)。

"我记得,我请求第一次合乐时只和我一个人排练,不要我的搭档和合唱,因为我害怕我会非常紧张,不能像站在钢琴旁唱得一样。托斯卡尼尼非常敏锐,他支持了我。为我排练薇奥列塔的是导演福尔扎诺,但是大师没有一次不出席舞台上的排练。我记得在排第二幕时,他要求我在唱著名的句子'温柔和纯洁'时声音不要太用力,我重复又重复这个地方,无论如何也做不到托斯卡尼尼所要求的那种激动。忽然不知为何,意想不到地……我竭尽全力,把全部心灵都融入到这个场景中,——我真的大哭起来。托斯卡尼尼从指挥台上大声疾呼:'就是这样,就是这样!为《茶花女》需要真挚的感情。'但我反驳说:'大师,如果在演出时这样,我就唱不出来了!'

"托斯卡尼尼在指挥或是和我一起练习时,他会毫无保留地付出一切,使我懂得每一个 piano 和 forte 的表现力。

"首场演出这幸福的一天终于来到了。我不知道是什么神灵帮助了我,因为正是在第一幕我获得了最大的成功。首演是在 11 月 28 日,获得了真正的凯旋。同台演唱的有佩尔蒂莱、蒙特桑托,还有始终不渝的、托斯卡尼尼很喜爱的著名配角表演者涅西。我记得还有一件新鲜事:第二幕的场景从花园改到乡村小屋,这样看起来更加动人和隐秘。

"托斯卡尼尼的排练总是接近演出的条件。排练时不允许小声唱——唱时一定要用全部力量。我很奇怪,在现在的剧院,排练时往往都是小声唱自己的角色。那时在斯卡拉我连续唱了 30 场,我的感觉非常良好,以为歌唱者唱得多就会疲劳是不对的。托斯卡尼尼不承认任何原谅歌唱者的理由,除了生病。难怪那些病得张不开嘴的人会听到大师说:'回家去吧。'

"托斯卡尼尼不喜欢明星们大胆地宣称:'这里我们是这样唱……这个段落我是这样表演的……'比如说本韦努托·弗兰齐,他是我所知道的最优秀的歌唱家之一,他喜欢表现自己嗓子的力量。每一次当他唱得过分响时,托斯卡尼尼都会让他停下来:

'在这个墙外面,你愿意怎样喊就怎样喊,但在这里你应该唱!'于是弗兰齐唱了令人惊叹的 mezzo voce。

"要非常仔细地遵随托斯卡尼尼的速度。他的指挥棒几乎不动,我们歌唱者更多地是记住他独一无二的左手,它指明声音应当什么时候结束,什么地方要 legato,什么地方渐慢……

"在斯卡拉,我和我的至友、伟大的演员卡扎察,托斯卡尼尼非常喜爱的男低音茹尔内,还有佩尔蒂莱唱了沙邦蒂埃(Charpentier,1860–1956,法国作曲家)的《路易丝》……我记得在唱第三幕有名的圆舞曲时,所有人都希望速度快些,但托斯卡尼尼在指挥台上用左手拽住我们,直到结束时都没有让我们的旺盛精力显露出来。有一个晚上他说:'看看吉尔达,她在跳舞!'事实上,我甚至没有发现我也在和大家一起跳。"

男中音本韦努托·弗兰齐不久前结束了自己光辉的艺术生涯。他回忆起在 1924 年,斯康狄阿尼大师听了他在"达尔·维尔美"剧院唱的《游吟诗人》后,邀请他到斯卡拉请托斯卡尼尼听听他的唱。

"托斯卡尼尼说:你(托斯卡尼尼总是用'你'称呼)有些大嗓门,有些喊叫!等斯卡拉排《游吟诗人》时我再教你怎样唱。比如说'啊,莱昂诺拉!'这个句子,你唱了 G。为什么这里要唱 G?要知道这是伯爵在唱,而不是某个流浪汉。他永远也不会提高嗓门。你一定要按照威尔第写的那样唱,不要 G!他为我弹了这个地方:'你听,多好听!'他是对的:这个 G 完全没有必要。

"他要我用半声唱浪漫曲,而不要喊叫。他经常重复说:'要记住,威尔第正是这样写的,也应该这样表现,既不要多一拍,也不要少一拍,速度应当是准确无误的。注意我的指挥棒,你就不会错!'

"另一个表明托斯卡尼尼如何严格遵循作者所写一切的例子,

出现在斯卡拉演出《丑角》时。在序幕中我没有唱降 A，所有的男中音通常都会加上它，而没有这个降 A 序曲特别美。托斯卡尼尼绝对正确：这个音完全是多余的，只会白白浪费嗓子！"

1928 年 12 月在斯卡拉上演了瓦格纳的《名歌手》，演唱爱娃的是斯卡拉的一位新歌唱家玛法尔达·法薇罗小姐，她谈到自己的首次登台。

"我们开始排练，大师不断向我阐述爱娃应当是怎样的。在快要彩排时，我突然意外地完全失声了。那时还没有准备预备演员的制度，没有任何人和我一起排练同一个角色，没有人能够在我生病时代替我。他们想，由于我的原因不得不推迟演出。那时托斯卡尼尼对我说：'你听着，不要着急；你按角色的需要去做，好像你在唱，但是代替你唱的将是我。'

"在彩排到演出之间有三天的空隙，我在这段时间痊愈了。不难想象这首次登台对我有何等重要的意义，要知道那时我还不到 20 岁！我记得我唱了，在舞台上走动，但这一切不是按照我的意愿做的，托斯卡尼尼的灵魂在引导我唱——他目不转睛地注视着我，如此威严，使我唱得比我所能做的更好。"

鲁道夫·波克尔曼（Bockelmann, Rudolf, 1890 – 1958，德国男中音）是最著名的瓦格纳歌剧表演者之一，他谈到和托斯卡尼尼在拜罗伊特的见面。

"当然，我们和托斯卡尼尼在钢琴旁进行了排练。这些排练很难，因为托斯卡尼尼要求放声唱。排练时他精力非常集中。我遇到过许多一流的乐队指挥家，应当指出，托斯卡尼尼是他们当中最客观的。忠实于总谱是诠释的基础。他的要求近乎学究：他不能忍受任何一点微小的节奏的不准确。他在用指挥棒打拍子时指着谱子重复说'Hier steht, hier steht'（'这里写着，这里写着')。他不会说德语,但他知道这两个字。对那些忘掉他的意见的歌唱者,他十分严厉。但是如果一切进行顺利,他对我们很满意的话,他会和我们友好地交谈。他谈威尔第,谈瓦格纳:'C'est mon grand maître'('这是我伟大的老师')。大师说,瓦格纳教会他很多东西。我们得知,在拜罗伊特演出时,托斯卡尼尼拒绝任何报酬。他很想在拜罗伊特演出,这是瓦格纳的城市,在这里演出对他来说非常重要。"

1937年在萨尔茨堡,托斯卡尼尼上演了《法尔斯塔夫》。著名女高音玛丽亚·卡尼莉亚(Caniglia, Maria, 1906 – 1979)的名字和这次演出联系在一起,在此之前她从未见过托斯卡尼尼大师。

"当人们问我'您和托斯卡尼尼合作过吗?'我总是非常遗憾,我不得不回答:'没有。'几乎每个晚上都会有人向我提出这样的问题……我开始感到,在我的演出生涯中错过了某种东西,缺少它,我的事业的发展不会轻松自如。1939年我在'大都会'参加了演出季开幕,当7月回到意大利,和家人一起在维亚雷焦休息时,我收到了来自萨尔茨堡的电报,'请回电同意参加周六晚由我指挥的《法尔斯塔夫》的演出。托斯卡尼尼'。

"不难想象我的喜悦之情。收到这封电报,我高兴得跳起来。虽然离演出只剩下两天了,我立刻给他回电:'立即出发。'我和父亲立刻登上火车。在车厢里我翻阅《法尔斯塔夫》的钢琴谱(1月我曾在斯卡拉和德·萨巴塔唱过这部歌剧),我发现,我一个句子也不记得了。我感到我仿佛是第一次看到这些谱子。'一切都完了……'我想。

"上午9点我们到了萨尔茨堡,大师的车在火车站等着我们,卡尔拉夫人和其他接我们的人坐在车上。他们把我们安置到车上,直接把我们送到剧场,那里排练已经开始。第一首男声四重唱已经排过了,我一分钟也没有休息就登上台。在乐池,正面对着他，我一生中第一次见到了托斯卡尼尼大师。舞台上没有任何道具，甚至没有可以依靠的椅子，也没有提词的人。托斯卡尼尼的手向上一挥，做出提请注意的姿势。我给自己画了十字，开始唱。第一幕结束，我吓得发抖，在回到化妆间的路上遇到大师。他对我说：'非常高兴，小姐，一切都很好，就这样继续吧。'

"整部歌剧的排练十分顺利。我永远记住了那只扬起的手，它似乎在提醒我：小心，别犯错！这只手坚定地指引着我。当最后一幕，即第四幕结束，大幕最后一次降落时，我走近托斯卡尼尼和他告别，并向他表示感谢。我说：'大师，今晚也许可以结束我的演出生涯了，我实现了我一生中最大的愿望，现在我可以安心了！'他反驳说：'小姐，一切都进行得很好，你可以休息，但我只想提醒你一件事，也许我错了，但你可以看看总谱。今晚，在抱着菜篮子的一场，你把 cavalo（白菜一词的单数）唱成了 cavali（白菜一词的复数）。'大师拿出总谱，找到了需要的地方。他是对的：在 da una mitraglia di torai di cavalo... 这个句子中，我唱成 cavali，它和另一段词中的 trisavolo 不押韵。托斯卡尼尼甚至在细节上也绝对准确！

"如果现在我拿托斯卡尼尼的《法尔斯塔夫》和德·萨巴塔的做一比较，我会处于很尴尬的境地，因为二者都很出色。德·萨巴塔更令人神经紧张，更紧凑，更易激动；而托斯卡尼尼沉稳，平和，聚精会神。最使我惊讶的是第三幕的场景，当我回想起它时，我的皮肤会发麻。我站在侧幕旁，这时克维克里在唱：'纳涅塔，发生了什么事？'我感到托斯卡尼尼这时指挥的乐队的音响，就像珍珠滚滚落银盘。"

1946 年在纽约，为纪念普契尼的《波西米亚人》首演 50 周年（大师在都灵指挥过这部歌剧），电台准备广播这部歌剧。丽琪亚·阿尔巴内西唱咪咪。

"起初他和我独自练了一遍整个角色,差不多用了两三天的时间。后来让·皮尔斯和我一起排练,最后是我们的二重唱。我出席了所有的排练,甚至在不排我的戏的时候,因为每一次看排练,总是能学到某种东西……

"首先他教会每位歌唱者个人的部分,然后是四重唱,最后是重唱与合唱。他花许多时间探索表现力,要求有激情,有热情。他说:'你必须赋予思想,表达词的意义;要把词吐得清楚,有表现力,不要增强音量,注意歌唱的线条,换句话说,不要掩盖了美。'这是巨大的课堂。他不断重复说,词非常重要,因为正是它的思想和表现力感动观众。

"在遇见托斯卡尼尼之前,我已唱过多年《波西米亚人》,但和他练习之后,我的咪咪更温柔,更优雅。所有这些是由于托斯卡尼尼如此关切地探索的细致色彩,这是托斯卡尼尼要求一定要做到的。"

(上世纪)30年代在世界许多歌剧院舞台上光芒四射的洛蒂·勒曼(Lehamann, Lotte, 1888-1976,德裔美籍女高音)说到,她是以多么激动的心情去参加托斯卡尼尼在纽约的排练。

"我和他初次相遇是在纽约,是为准备一部广播的节目。在我们认识前不久,他在维也纳听过我,是唱理查德·施特劳斯的《阿拉贝拉》。我永远也不会忘记我到宾馆去排练的情景。应当唱《费德里奥》里的大咏叹调和《汤豪舍》中伊丽莎白的第一首咏叹调。我已经是一位很有名的歌唱家,在世界各地各大歌剧院都唱过,但那天我害怕去见托斯卡尼尼。歌唱家有谁不怕他呢?托斯卡尼尼对此不能容忍,他不能明白,为什么会这样。我记得他威严地说:'唱吧!'排练进行了很长时间,由于过分紧张我感到十分疲劳。我不能说音乐会唱得怎样,因为我已不记得所发生的一切,但是大师很满意。

"托斯卡尼尼要求所有从事音乐的人都要全身心投入，不要吝惜自己。他是完美的化身，他也要求我们所有的人都能达到完美：他要求绝对准确，同时又要完全融入音乐。"

舞台与导演

在谈到19世纪末意大利歌剧戏剧时，我们已经注意到很难与之进行斗争的基本缺陷：复杂之处在于匆忙集中起来的乐队和临时挑选的合唱队，还有服装和布景，这一切很难达到演出必不可少的艺术水平。当然，产生于16和17世纪的意大利传统在上演"大型"经典歌剧时还存在着——巨大的广场景致，宽阔的大厅，庞大迷人的花园和圣洁的树林等等。但时代变了；代替场面华丽歌剧的是真实主义歌剧——光秃的山顶上是光滑的树，简陋的木屋和窝棚矗立在华丽宫殿的位置上，逼真代替了想象。在追逐价格高昂的优美嗓音时，经纪人牺牲了演出的赏心悦目。布景和服装的经费拮据，不得不只满足于大体的暗喻。

只要托斯卡尼尼来到哪个剧院，他立刻着手使歌剧演出达到必要的完善。但是斗争是困难的，艰苦的，因为他碰到的不仅仅是没有干的愿望，而且还有经费上的困难。托斯卡尼尼刚刚勉为其难地在斯卡拉创建了独立协会，获得了他一生都梦寐以求的条件，便立刻开始着手改造。对剧院的深刻理解、经验和鉴赏力，有助于他创造这样的演出：在这里，音乐，布景，服装，——所有因素组成一个艺术整体。

自然，他不满足于仅仅是事先提示——他要自己参与所有的演出准备工作。大师甚至出席灯光排练。他长时间待在剧场，要人们改变或改善他认为必要的一切。

他提出了需要设歌剧导演的要求。正是由于在斯卡拉创建了独立协会，在意大利歌剧院才出现了这样的人物。以前在排戏时，指挥、合唱指挥、舞美师——所有人都参与一部分工作。托斯卡尼尼对舞台上的活动，演员的表演，群众的调动都予以关注，但在斯卡拉的海报上正式出现导演的名字已是1921年。最早的导演是维尔克和福尔扎诺。但是，正如我们所指出的，托斯卡尼尼继续负责艺术方面的指导。他就像一位总导演——严谨，准确，要求演出的完整。大师要求，在舞台上一切都要适应作曲家的意图。《弄臣》中的暴风雨？它在剧场里要真实可怕，就像真的一样，使得观众在歌剧结束时由于恐怖心脏都停止了跳动。而在《法尔斯塔夫》中，在一定的乐句中要重点强调克维克里的喜剧性。

乔阿吉诺·福尔扎诺谈到他在斯卡拉最初的经历。
"我是在1921年认识托斯卡尼尼的，那时在斯卡拉首次排演普契尼的'三部曲'（'三部曲'的首次上演是在罗马的科斯坦察剧院，那时领导歌剧院的是瓦尔特·莫基和爱玛·卡莱里）。后来斯卡拉要上演'三部曲'，我受到邀请排这部戏，因为《安杰丽卡修女》和《詹尼·斯基基》的脚本是我写的。《外套》也曾委托我。在第一次排练《安杰丽卡修女》时，我让合唱队做短暂休息，这时看门人走来对我说：'福尔扎诺先生，大师托斯卡尼尼想要见您。'我向大师问好，他对我说：'很好，年轻人，好样的，福尔扎诺！你做的正好是我想在歌剧演出中得到的：你想使合唱队员不再只是合唱队员，而是真正的僧侣。你为什么不留在斯卡拉呢？你看，我们在一起排了一部多么好的戏。'结果，我真的和托斯卡尼尼一起留在了斯卡拉。实际上，我们引入了许多新的东西，从根本上改变了歌剧中的导演方式。我们力图准确地揭示内容，它的独特性，向观众表明每一个故事的准确意义。我们对导演的观点是一致的：保持音乐的所有效果，使它们达到完美。托斯卡尼尼尽力把生活气息和真实性带入歌剧中，准确的戏剧情节应当强调音乐中的戏剧性。现在已不可能按旧的方式调度舞台：舞台的两边站着两排合唱队员，舞台中心是独唱演员。歌剧演出成为情节性的，观众自己最终能分析其中所发生的故事。"

最优秀的戏剧艺术家尼古拉·贝努阿谈到和托斯卡尼尼见面的印象。

"1925年托斯卡尼尼请我到斯卡拉。他感兴趣的是俄国戏剧艺术家如何设计《霍万辛那之乱》，那时斯卡拉的舞台美术师，如罗维沙里、马尔科罗、萨托尼还没有掌握俄罗斯风格，而我出生在圣彼得堡，因此托斯卡尼尼毫不犹豫地同意导演阿历山大·萨尼帕的建议，把这部戏委托给我。在和大师第一次接触之后，我明白了舞台设计对他来说有重大意义。舞台不是对音乐的补充，它使歌剧戴上王冠：布景不是某种独立的东西，而是艺术表现的组成部分，演出的名声依赖于它……根据和斯卡拉的协议，还在巴黎时我已为《霍万辛那之乱》画了布景的草稿，由萨宁带到米兰给托斯卡尼尼看。从此这件事就正式委托给我。托斯卡尼尼希望服装也由我设计草图，还有道具，因为，我要再次重复说，他把演出看成是一个和谐的整体。那个时候在歌剧院是这样做：布景师设计舞台，而其他美术家设计服装和其它部分。那时在斯卡拉，大部分服装都是根据美术家卡拉姆巴的草图缝制。对于由我来设计《霍万辛那之乱》的服装他也没有反对。应当说，在这一次演出中，首次试图将布景师、服装设计师、导演和指挥的力量统一在一起。托斯卡尼尼非常细致地关注技术排练，比如说，灯光的位置。

"我记得，我再次在斯卡拉见到托斯卡尼尼已是1946年，他看起来更年轻，更充满活力，就像20年前一样，仍然迷恋于某些理想。他总是准备说出他的意见——非常准确，非常尖锐。斯卡拉的经理吉林格里委托我准备《奥赛罗》的布景（我想是得到了托斯卡尼尼的同意的,因为事先已决定由他来指挥这部歌剧)。这时候大师给了我非常珍贵的建议,我在实践中采用了它。托斯卡尼尼最有意思的建议之一是:在《奥赛罗》的第三幕把舞台分为两半,为使它的第一部分更突出,把场景安排在室内,这时在奥赛罗、卡西欧、雅戈和苔丝德蒙娜之间,发生了与手绢有关的著名的富有戏剧性的故事;大师建议舞台要阴暗,在它的范围内,放上四根粗大的柱子,这有助于歌剧的四个主要角色找到最有意思的舞台调度。

"的确,托斯卡尼尼不仅在每一个片断中看到了它的内在思想,而且尽一切可能在外部把它表现出来。在舞台设计中,按照托斯卡尼尼的建议,这个场景随后应当变换为宽大的宴会厅,换景的时间只有7秒钟,也就是说在这个时间内,小号在侧台鸣响,通报使者们到来及庆典开始。

"众所周知,1946年担任《奥赛罗》指挥的不是托斯卡尼尼,而是德·萨巴塔。在换景时,甚至乐队的灯光都熄灭了,使观众也处在完全的黑暗中,不会发现迅速换景的秘密:阴暗、局促的场景突然变成庞大的场景——一个小盒子似的空间变成巨大的场景,闪烁着金色的光芒,造成了托斯卡尼尼所预想的效果。"

在斯卡拉乐队演奏多年的奥古斯托·罗西教授谈到托斯卡尼尼是如何达到他所希望的结果的:

"大师始终把所有的一切都掌握在自己的监督之下,所有的细节,甚至最微不足道的事。他不断说:'要听音乐,而不是向舞台上看。'他干预导演的事,告诉歌唱者在舞台上应当怎样表演。比如说,我记得他曾跳上台告诉奥赛罗的表演者,在苔丝德蒙娜被杀之后他应当怎样表现。托斯卡尼尼和导演规定了严格的范围。关于这一点我想起了一段故事。现在我已说不出是哪一部歌剧,大师在有一个地方把福尔扎诺叫过来,对他说:'让我们

说好,福尔扎诺,我需要这个动作……就在这个句子.'导演说:
'好的,大师.'——'你看,福尔扎诺,虽然你是托斯卡纳人,但你要记住,我是托斯卡尼尼,你别想骗我,你要按我对你说的那样做.'"

与托斯卡尼尼在斯卡拉时期合作过的最杰出的女歌唱家之一、朱丽亚·特塞谈到大师和演员的工作。

"大师出席所有的排练。而我们也很有兴趣关注在他的排练中所发生的一切。比如说他对小提琴手说:'呼吸,呼吸,这些句子要柔和,悦耳.'他对歌唱者说:'你们要研究,深入了解剧词,要尽量把字吐得自然,只有那时你们的声音才会漂亮。你们应当先想句子,然后才唱。它在你们的脑子里应当已经很成熟,否则你们不可能很有表现力地唱好它.'"

作为"大都会"最光彩夺目的明星之一的罗莎·贝米顿,讲到大师如何帮助她在创造形象时找到最丰富多彩的表现力。

"夏天我来到利维尔德里大师家,午餐后我们坐在阳台上,他仿佛很随意地对我说,我有可能和他合作在 NBC 广播演唱《费德里奥》。这个建议使我非常激动。我曾听过托斯卡尼尼在萨尔茨堡指挥的这部歌剧(有洛蒂·勒曼参加),——你很难想象会有比这更好的表演。后来我得知,大师在纽约为寻找演唱莱昂诺拉的演员已听过不少女高音。我在布宜诺斯艾利斯唱过这个角色,但我请求再给我几天时间准备。我们排了整个夏天,一周两到三次。大师非常仔细地雕琢了这个极其困难的角色。他常常在电话中对我说:'你知道吗,这个句子明天我想用另一种方法唱,完全另一种样式……'他总是想找到一种更适合我的能力的解决方法,同时又不破坏作曲家的愿望。

"大师反复说,首先创作了剧词,音乐再随其后;因此,为了具有表现力，应当懂得词的深刻含意，只有这样才能产生演出的氛围。"

录 音

在录音产生的最初几年，托斯卡尼尼对这种新技术很反感；在唱机、机械的声音和在表演中活生生的声音之间，他找不到任何相似的地方。

托斯卡尼尼的崇拜者懂得，把托斯卡尼尼创作的演变传给后面的崇拜者有多么重要，他们需要花大力气使大师终于妥协而同意录音。

德国音乐评论家维里·拉依赫这样回忆托斯卡尼尼的初次录音。"托斯卡尼尼第一次录制唱片是在1920年他和斯卡拉乐队在美国巡演时。那时他53岁，担任乐队指挥已34年。如果说托斯卡尼尼在1954年结束了自己的活动，那么他最早的录音正好是在他漫长的演艺生涯的中期。用简陋的'喇叭'录制的最早的作品是莫扎特《降B大调交响曲》中的小步舞曲和温琴佐·加利莱伊（1520-1591，天文学家伽利略之父，意大利琉特琴演奏家、作曲家）的《豪迈》，后者由雷斯皮基改编成乐队。那时用单面16转唱盘录制了莫扎特、贝多芬、柏辽兹，门德尔松，多尼采蒂、比才、马斯内、沃尔夫－费拉里和皮采蒂的歌剧中的交响乐节目和场景。现代录音技巧早已把这些唱片从市场排挤出去，因此现在很难找到它们。但在将早期的录音和后来的录音做一比较时，共同的演示风格的确使人赞叹：只有在最后录制的作品中能发现极不明显的变化。但是我们不能确定声音色彩上的区别，因为录音技巧走过的距离实在太长了。"

根据制作托斯卡尼尼录音目录的罗伯特·K.马尔什的统计，现在出售的大师的唱片有250余种。

"出版量最多的是门德尔松的《仲夏夜之梦》中的谐谑曲（从1921到1947年，这一录音有过五种版本）。到1954年末出售了两千万张托斯卡尼尼的唱片，其他的指挥家从未达到过这样的数量。但是还应当考虑到，除了托斯卡尼尼，还没有任何一位指挥家在指挥台上伫立了这样长久——68年。

"除了已出售的唱片，由于艺术上的和商业上的原因，还有许多广大听众还不知晓的（机械的和磁带的）录音。这些录音大部分保存在美国，在利维尔德里，在大师的儿子瓦尔特处。我想，如果这些材料能交给音乐学者支配，无疑能发现托斯卡尼尼艺术的新角度和对某些作品新的诠释。"

许多评论家都发现，托斯卡尼尼在不同时期录制的同一首曲子，音乐的长度惊人地一致。但是要注意，有时长度也不相符。比如说，1938年录制的威柏的《邀舞》为9分52秒，而1951年的版本是7分52秒。在一些其它作品的录音中也能发现同样的情况。但是这种情况很少有，通常计时惊人地相同。比如说1938年录制的莫扎特的《g小调交响曲》长度为22分55秒，而在1950年，也是22分55秒，这两个录音时间的间距过了整整12年。

众所周知，托斯卡尼尼的大部分录音都是在美国制作的。在利维尔德里他的家里的半地下室有听音乐和剪辑录音的设备，有保存录音带的储藏室。在这个制作车间，大师直到生命的最后一刻，都和自己的儿子瓦尔特一起听自己的作品，力图挑选最完美的版本。

托斯卡尼尼的技术助理理查·摩尔谈到和NBC乐队的录音。"在最后几年，托斯卡尼尼几乎每周一和周二都要录音，在广播电台转播结束之后用的是磁带。因此，不需要像以前录制唱片时那样停顿下来，或是把作品分成几部分录制。现在他可以按照自己的愿望一次录整部交响曲。相反，按老技术，它只限4分或4分半钟。起初是在NBC的"8H"工作室，后来在卡内基音乐厅……

"通常在录了前15分钟之后，大师要听第一部分，如果他满意，就会继续。有时整小时，甚至一个半小时不停顿。随后他听一遍整个录音，在两三个地方他有些不满意，便再把个别地方重录一遍，有时甚至整个一乐章……带子上的录音，仍然是一个机械过程，因为麦克风不可能像人的耳朵一样听。每一次都要寻找与音乐厅的音响效果相似的乐器的特殊位置。我记得，当托斯卡尼尼指挥理查德·施特劳斯的《死与净化》时，录了三个小时，我们怎么也达不到满意。大师总是不喜欢，录音中止。直到两个月之后我们才顺利地录完这部作品。

"我想，比如说像雷斯皮基的《罗马节日》和《罗马的松树》，应当说是交响诗真正独一无二的录音，托斯卡尼尼使乐队发出了极其丰富多彩的声音。当大师听了《罗马节日》最初的一次录音时（录音是好的），他大发雷霆，因为他认为 forte 不够。我们礼貌地指出，声音不可能再大了，机器承受不了。他愤怒地说：'把机器砸了！'我们想尽办法使声音加大了一些，大师终于满意了。

"依我看，大师对每一部作品诠释的基础是'线条'感。甚至他的歌剧（比如说《阿伊达》），也是一部连绵不断统一的交响诗——从序幕到最后一小节。在听贝多芬的《第九交响曲》时，也会感受到同样的东西。我记得，我们先录了交响曲的最后乐章（这样对合唱比较方便）。但当我们完整地听它时，仍能发现这种均衡连绵不断的线条。应当说，在《第九交响曲》中，音乐结构是沉重的；贝多芬要求合唱和独唱的几乎是非人的力量，乐队有

附 录

时盖住了人声，在音乐厅甚至很难达到音响的相匹配，而在录音中要达到和谐要更复杂。

"大师对《第九交响曲》的录音十分满意，虽然在为出售而同意将录音转录成唱片时他嘟哝说：'我还算满意。'"

大师委托工程师桑得罗·齐科尼亚在米兰都利尼大道的家里安装听录音的设备，使他（1946年）在意大利停留时也能继续他在美国已进行的工作。齐科尼亚使我们见证了托斯卡尼尼提出的对表演的要求与技术条件的限制之间戏剧性的争斗。至今的技术条件还不能充分表达在实际表演中所产生的感觉。

"托斯卡尼尼希望在录音时能感觉到音乐厅的气息，但不可能同时立刻做到这一切：在任何录音中 pianissimo 和 fortissimo 之间的相互关系永远都和有听众的音乐会不一样。对这个问题我们和大师总是发生争执。

"他从不允许出版的唱片在表演上有任何瑕疵。他如果发现录音中有缺陷，就会在已有的重复录音中找出这一段落最好的录音。施特劳斯的《堂吉诃德》的录音可作为大师严格要求的典范。托斯卡尼尼在听了第八个样本时说：'在这个短句里我听见了小提琴的拨弦（pizzicato）。'我们拿出彩排的录音——那里的拨弦听得更清楚。大师也肯定说：'这里的拨弦听起来更好，但整个表演我不喜欢。'为了解开这个谜，不得不听所有的录音，找出最准确的样本。

"另外一个例子：《弄臣》。只留下了歌剧第四幕的录音，因为每一次大师指挥这部歌剧时都没有录音。而第四幕是在一次音乐会上被保留下来的。托斯卡尼尼一直不愿听这个录音，按照他的看法，他认为那天他指挥得不好。终于有一天晚上他下了决心，我们关在工作室里，他坐在他习惯的地方——在沙发的一角，双手抱在胸前，好像要躲避将要发生的一切。但过了两三分钟我就明白了，他喜欢这次表演。他站起来，开始指挥，这是心绪很好的信号。快到结束时，我问他是否允许把这个录音转录成唱片，他立刻同意了，并且补充说：'我相信，似乎指挥得不错！'他是如此的幸福，他在正式的公文纸上，像往常一样，在签自己的名字之前，用红色笔写了：'威尔第万岁！'（这个字条我小心保存着。）

"在珍贵的录音中保存有许多托斯卡尼尼排练的片断，这使我们了解到，大师为了达到他所定的目标，用了一些什么方法。这些材料对音乐家来说是巨大的财富。音乐家们确实能理解指挥家不满意而必须重复的原因。那些不是音乐家的听众会为托斯卡尼尼指挥时的生动形象而惊叹，同时也能了解不完美使大师产生何等样的痛苦。"

指挥扎南德雷亚·加瓦泽尼在回忆一次这样的录音时指出，在每一次重复时，都能产生某种新东西。

"在这次录音中首先使我们惊奇的是他的声调，如此生动、威严、富有弹性。即使是对更年轻的人来说，这样的声调也是使人深感意外的，因为那时大师已经 87 岁。和音乐的交往使身体壮实而转变成令人悦目的硬朗。生动的声调也能在他如歌唱般绝无仅有的嗓音中让人清晰地听出来：威严、迷人、令人畏惧、令人信服、令人激动，时而戏谑，时而愤怒。听到这种嗓音，我们就会明白他对音乐、对排练真挚直率的伦理态度。对托斯卡尼尼来说，这一刻正是他生命中最重要的一刻，在世界上，正是音乐鸣响的这一刻是他最重要的一刻。每一次，在一次又一次重复同一个片断时，他从来不会感到勉强或是没有信心，或是发生在其他人那里的那种可能由于不断重复同一个段落而产生的枯燥乏味。他重复，是因为他感到这不是重复，而是新的探索的开始。"

记忆力和性格

　　记忆力是托斯卡尼尼所拥有的最卓越的与生俱来的才能之一。在他从普通大提琴手的位置走上指挥台的那一天,他做的第一件事是合上摆在他面前的总谱,那天演出的《阿伊达》已完全保存在他的记忆中——不仅仅是音符,还有威尔第因关注歌剧的表现力而注明的所有记号。托斯卡尼尼是真正的活百科全书:只要提起什么事,在他的记忆中立刻就会出现和遥远的过去有关的事件和事实。有一次他说,他还是一个很年轻的大提琴乐手时,由波里佐尼大师指挥演奏了两场交响乐音乐会。很多年之后,在和托斯卡尼尼的一次谈话中,波里佐尼承认,他从来没有像那两次音乐会那样紧张过。托斯卡尼尼惊奇地问:"为什么?""因为你……我看到在休止的时候,你若无其事地环顾四周,仿佛你不存在。我担心你心不在焉,到时候不能准时进来,会把一切破坏了。当我明白我是徒劳担心时,你几乎把我气疯了,因为在需要的瞬间,你不看谱,突然从完全的漠不关心转而积极进入表演。"托斯卡尼尼说:"亲爱的大师,我已把总谱背下来了,我不需要看谱子就知道什么时候该准时进来。"

　　在托斯卡尼尼指挥生涯最初的年代,他因能不看乐谱指挥所有的歌剧而使周围的人惊叹。大师青年时代的好友马里奥·帕尼查尔蒂曾谈起1891年发生在热那亚的一件离奇事,那时托斯卡尼尼在那里指挥了两部歌剧:《迷娘》和《卡门》。

　　"在首演《迷娘》的第二天早晨,在报纸《19世纪》上,音乐评论家阿基莱·德马尔齐虽然也赞美了由青年指挥家指挥的演出,但是他也指出,指挥配器如此复杂的作品(当时曾这样看!),最好在谱台上放上打开的总谱,而不是寄希望于自己的记忆。

"那天，托斯卡尼尼和他的音乐家朋友在努奥瓦大街——现在的乌姆贝尔托第一广场——的一个小饭馆用晚餐，其中有德费拉里，托斯卡尼尼问他，你和德马尔齐熟吗？在得到肯定的答复后他说：'请转告他，我要和他打赌：把我关在一间空房子里凭记忆写出歌剧的整个总谱，不错一个音，和托玛写的完全一样。'

　　"他又说，当他研究总谱时，在谱子上他会用笔做上记号或者别的什么提示，以后当他指挥时——当然是背诵着，所有这些记号，还有音符，就会像照片那样清晰地出现在他内心的视觉中。'你可以告诉德马尔齐，如果他接受打赌，我凭记忆写出《迷娘》，一定在所有地方注上……墨水的斑点。'"

　　小提琴家奥古斯托·罗西也谈到大师惊人的记忆力。

　　"这应该是在圣路易斯。我们正在准备音乐会，突然我们乐队的第二大管手乌贝尔托·本图拉在最后一刻发现他的乐器的一个音键坏了，大概是降 E。我记得这个年轻人很绝望：'如果大师听不到这个音，他会怎么说！'我们决定在音乐会开始之前告诉大师。我们来到他的办公室，说明发生了什么事。大师在记忆里搜索了当天节目中的作品，他说：'亲爱的本图拉，也许我错了，因为我也会犯错误，但我想，在今天整个晚上，你不会出现一次降 E。'事实也正是如此。"

　　安尼塔·科隆波这样回忆：

　　"1915 年，大师在'达尔·维尔美'剧院指挥了《托斯卡》，这是战争年代的一场义演。10 年或者更长一些时间之后在斯卡拉上演了这部歌剧。在第一次合乐排练时，大师让乐队停下来，对圆号手说：'圆号为什么没有声音？'——'大师，这儿什么也没有写！'——'怎么什么也没有？'他看了看谱，发现这个地方是休止符，他惊讶地说：'不对！，普契尼在这里为圆号写了 8 小节!'我们去质问利科尔蒂出版社,在出版社的那一份乐谱上也是休止。但是托斯卡尼尼丝毫不怀疑自己的正确,为圆号补写了8小节。当歌剧已经上演,利科尔蒂出版社找到了总谱,发现在它上面普契尼用手笔添写了这8小节。"

托斯卡尼尼的记忆力也使美国作家、歌唱家阿尔玛·格鲁克的女儿玛尔西尤·德文波尔特震惊。

"我看了我所写的关于莫扎特的书的校样,突然发现在《唐璜》的谱例上有一个印刷上的错误。为了核对总谱上的这个小节,我去到音乐图书馆,由于正逢某个节日图书馆闭馆。我不能等待。因为要迅速地把材料送到出版社,于是我打电话给大师,我想他那里一定能找到所需要的谱子。'大师,您是否偶然记得《唐璜》中长号的引子?'——'请稍等……'他回答:'长号在第9场进来,当卡曼多尔打断了唐璜和列波莱洛谈话的时候……但我还是要看总谱核对一下……'大师没有错。我惊叹他的记忆而问他:'您最后一次看《唐璜》的总谱是什么时候?'——'我想是在30到35年前吧!'"

这是安托尼诺·沃托的见证。

"我记得是在《特里斯坦》的一次排练时,大师和瑞士人阿皮亚正在为歌剧做准备,这是一次实验演出。我们站在台上:我在钢琴旁,大师在台口注视着歌唱演员,打着拍子。正在进行的是第二幕。一会儿他转过身来对我说:'升F。'听到他的提示,我有些慌乱;场景从头开始,进行到同一个地方,他又说'升F',声音更大了。我开始在谱上找这个升F,但是没有找到。当第三次排到这个场景时,托斯卡尼尼跳起来气愤地大喊:'升F!'我胆战心惊地说:'大师,请原谅,这里没写着升F……'大师稍有犹豫,然后迅速向自己的办公室走去。如果这样的一个人，三次如此有把握地纠正我，那么，大概这不是偶然的，我开始仔细地研究谱子。在利科尔蒂版《特里斯坦》总谱右页的谱号上有升记号，而在下一页上却没有。显然这是印刷错误。我跑到大师那儿，请他看翻开的总谱。他要亲眼确认，在那里到底有没有升F。我喃喃地说：'大师，您完全正确，这儿印错了！'他回答说：'你知道吗，你差点让我中风了：如果老是奏这个升F，我会一辈子成为傻瓜。'我说：'愚蠢的是我，因为是我没有发现错误。'"

但是托斯卡尼尼卓越的记忆毕竟是人的记忆，不是电子的，所以虽然很罕见，但也会有错。奥古斯托·罗西教授谈到这样一次非同寻常的事。

"《黛波拉》我们已排了几个小时，大师看起来已经很疲惫。他刚从美国回来，在那里开了很多场音乐会。在总谱的某个地方一小节有5拍，而大师却把它打成4拍。音乐的主题在第一单簧管，他无法跟随指挥，因为他无法跳过这一拍。在反复时整个乐队都重复大师的错误，除了单簧管。正如我已经说过的，他没法跟随他。托斯卡尼尼发现除了主导乐器，整个乐队都跟随着他，他感到错了。他让乐队停下来，扔掉指挥棒，放走了我们，说：'回家吧，孩子们……'"

不应该把伟大的艺术家放进那个闪烁着纯粹完美的镀金框子里。当我们看到的只是一些品格高尚、没有缺陷的人时，我们就不再把他们看成真实的人，他们丧失了人的特征，变成为英明、智慧、记忆和其它某些东西的"奴隶"。

在这些回忆中会发现有某些疏漏，有过失及其它等等，这使伟人和我们这些普通的凡人很亲近，我们没有那么多的优点，相反有着很多缺陷。我们不想使托斯卡尼尼在自己新的崇拜者的意识中，成为一个超人，没有弱点的人。因此我们在这里见证了大师常有的愤怒、怪脾气。它们有助于我们了解在日常生活中的托斯卡尼尼——当他走下指挥台时,他成为和其他人一样的人,和他一起的有亲人、同事、朋友……比如说我们忆起他在斯卡拉的一次音乐会。大师不喜欢拥挤,当他的崇拜者包围着他时,他不得不费力挣脱才能回到演员休息室。他的朋友们了解这个情况,把他包围起来,使他在回到休息室短短的路上不致碰到使他不愉快或过分热情的人们。那个晚上,在音乐会结束之后,当我们送需要休息的托斯卡尼尼回家时,在我们的面前出现了一位著名的指挥家,我们剧院的客人……他见到托斯卡尼尼用法语说:"多么美好的音乐会,太辉煌,太奇妙了……"在这没有预料到的障碍面前,托斯卡尼尼不得不停了下来,瞪了他一眼说(自然用的是意大利语):"愚蠢!"我们惊呆了,当我们看到在后者的脸上洋溢着莫名的微笑,不断地说"您太客气了,您太客气了"时,我们的惊吓才转为诧异,——意大利语他一个字也不懂。

托斯卡尼尼直到最后的日子也保留有青年人的活力,几乎是孩童般的求知欲。他能数小时坐在电视机旁欣赏自由式角力。有时他会被普通的好奇心所吸引,却羞涩地试图把它们隐藏起来。马尔西亚·德文波尔特在谈到他的这个小弱点时讲了下面的一个故事。

"大概没有谁能肯定地说,他知道托斯卡尼尼真正的政治观点,这首先是因为他本人总是骄傲地宣称,他讨厌政治和所有的政治活动家。当然他真正憎恨的只有法西斯。有趣的是,当他对某个不相干的、和音乐没有关系的东西感兴趣时,他对它仍然首先是作为一位音乐家去接受它。在艾森豪威尔将军成为美国总统的那一天,我和托斯卡尼尼的儿子瓦尔特通电话,我问他能不能到他家里去看电视转播,这是在1953年。通常大师很多时间都在自己的办公室里度过。这天他常常到客厅里来,他一会儿上楼，一会儿下楼，有些烦躁不安，显然很不明白，怎么可能仅仅为了看政治转播而到他家作客，而不是为了和他交谈……他走来走去，弄不明白：'这太愚蠢了！谁需要这个！这不过是政治！谁会对此感兴趣？'终于好奇心战胜了他，他没能坚持住，也坐到沙发上和所有人一起看起来。在最高潮的时刻，当总统应当在屏幕上出现时，他急不可耐地大叫：'快了，快了，现在……现在就要出来了……'从这一时刻起，新总统就任的整个仪式，对大师来说就是一场演出。他是戏剧人，他把所发生的一切看成只是一部戏剧。艾森豪威尔将军终于出现，处在台下的乐队奏起国歌的前几小节，奏得不整齐，音调不准，大师跳起来，在惊诧中两手举起轻轻一拍，大叫：'上帝呀，我不在那儿，要不然我会告诉他们！'"

虽然需要为某种事进行斗争时，他总是表现出坚定、顽强，但在生活中他是一个胆怯的人。他害怕公众，不喜欢掌声和在报纸上露脸，只要音乐会一结束，他立刻回到自己的休息室，独自处在宁静之中。

阿尼塔·科隆波回忆起大师的一些类似的怪脾气。

"应当说，作为人来讲，他很普通，甚至是非常普通，如果说到个人，他没有任何要求。一次在帕尔玛的音乐会之后，他女婿波洛对托斯卡尼尼说：'在广场上汇集着你的同胞，他们想见你，向你问好。'一些帕尔玛的朋友支持波洛：'去吧，去吧，到阳台上去，就一会儿。'——'但是我在那儿做什么呢？我应该做什么呢？'——'什么也不用做，你不需要说话，只是出去亮亮相……这是友好的姿态。'大师终于同意了，开始和朋友们一起走上楼梯。但是刚踏上两步，他停下来逃跑了，他藏在酒店厨师工作的一个小房间里。

"1929年我们从柏林回来，快到米兰火车站时，我们向窗外望去。在站台上迎接我们的有朋友、熟人、观众。大家都在呼喊：'托斯卡尼尼，托斯卡尼尼，托斯卡尼尼在哪儿？'我们回答：'他在这儿……他刚刚还在这儿……'大师消失了。在找到他之前，我们费了很大的劲。发生了什么？看到这么大一群人，大师跳到走廊上，从车厢跳出，藏在了一个铁路工人的储藏室里。铁路工人看到他被吓坏了，不知道发生了什么事，然而托斯卡尼尼请求他：'不，不，请你继续工作，请允许我在你这里待几分钟。'"

大师寻找孤单，是因为他想获得心理平衡。当他第一次遇到某个他所不认识的人时，他的这种拘谨表现得特别明显。在这一时刻，他很不自在，胆怯，很不安，不知道怎样开始谈话。通常，为了打破在这种不自在的沉默中不可避免地会发生的尴尬，他只有求助于音乐，注视总谱的某个地方，回忆某个有趣的段落。甚至在和自己的孙儿们的交流中他也很拘束。瓦尔特的儿子瓦尔弗莱多谈到他和祖父的关系。

"他对我在干什么和画什么总是很感兴趣。他不仅对我感兴趣，也很喜欢孙女艾曼努埃拉和索娜。但是我很少和他交谈，因为我有些胆小。当我们在利维尔德里时，大家都离开家，有的去买东西，有的去工作，我留在家里和祖父在一起。硕大的餐桌上只为我们两人摆上早饭……75岁的老头儿和10岁的小孩……我记得，在我们吃饭时我很受煎熬：我和他说什么呢？我有什么事能使他高兴呢？我相信，他想的也是这个：讲点什么有趣的事……就这样沉默着，我们时不时地互相看看，笑笑。

"对家庭，祖父完全是纯意大利式的，他愿意在生日或新年时所有的人都在家。祖母准备的盛大晚餐，允许我们孩子们和大人一起……"

和亲密的人交往时他也拘谨，当然在家里也发脾气，但只要有可能，他尽量离开，不打扰任何人。

托斯卡尼尼性格的另一方面是对自己十分严格。他不仅对别人的缺点很挑剔，更主要的是对自己的错误很吹毛求疵。女高音歌唱家丽琪·阿尔巴内泽讲了这么一件事。

"每一次，当我在他的家里唱时，我的心都跳得很厉害。在利维尔德里我们一起准备《茶花女》和《波西米亚人》。他对我说：'你知道吗，在广播电台转播这部歌剧时，这个句子唱得不好。'——'为什么呢，大师？'他坐到钢琴旁，弹起来。'应当是这个速度，'他示范。他批判自己，听众对此永远不会怀疑。他不断说：'要永无止境地创造，我从来没有对自己的工作成果感到满意。'"

当托斯卡尼尼错了时，他会十分谦逊地承认。艾佐·平扎对指挥家尤金·奥曼迪讲了一个发生在斯卡拉的故事。

"显然是发生了什么事，这使他忍无可忍，因为我们都发现，他一面指挥，一面在自言自语：'可耻！可耻！'他越大声说'可耻！'，我们越害怕。这说明是唱出了问题：我们每一个人都犯了什么错误。当戏结束时，我们所有的人都集合在台侧的一间屋子里，互相询问谁犯了错误。忽然，门被重重地踢开了，大师进来：'你们可耻，你们太可耻了。'他指着每一个独唱演员说。我们低下了头。但是过了一秒钟，门又打开了：'指挥也可耻！'大师愤怒地叫喊着砰地关上门。"

这是一位和艺术没有直接关系的最普通的人、斯卡拉的看门人安东尼奥·佩多里对托斯卡尼尼的回忆。

"每天上午，大师都是在10点或10点半来到剧院，这要看排练什么时候开始。他常常早些来，因为他非常守时，来时总是一个人。他总是穿着一种样式的黑西装，戴着一顶两边稍向上翘的宽檐帽子,他总是把帽子直接戴在头上。前几年他是坐四轮马车来,他总是委托我和车夫结帐;有时他生气了,因为他认为车夫没按近道走,为多挣钱而选择了更远的路,这时候他会嘟哝着走进剧场。在自己的休息室里他脱去外衣,穿上在排练时穿的更轻巧的衣服。他对所有的人都很礼貌,但在乐队里他成为完全另一个令所有人都敬畏的人,因为这是伟大的大师。

"在排练休息时,他会回到自己的休息室,稍稍吃点点心;他常常在剧院用早餐,从来不关心给他端来什么。他的秘书(或者别的什么人)常常要提醒他该吃饭了,否则他根本想不起,只顾继续排练而忘了早餐。虽然工作很紧张,但他从不知疲劳。他为艺术生活,永远为艺术而生……在家工作,在剧院工作,在家继续工作……永无休止。"

意大利旅行协会驻美国的主席玛诺丽塔·多尔格尔夫人的见证也很有意思。

"利维尔德里的'蜘蛛'别墅,这是美国富豪典型的住宅,它建造于1900年初。房间很宽敞,天花板很高……托斯卡尼尼有一半时间待的地方有一个大的入口,它的后面有一个通向二层宽大楼梯的厅。托斯卡尼尼记得楼梯有多少级(我想大概有32级),他不希望人们帮助他上下楼。我从未见他执过手杖,甚至在最后几年。

"战争时期美国给了他充分的行动自由,虽然他始终是意大利籍。他是位爱国者,我要说,甚至是太意大利了!他始终关注在意大利发生的事,在艰难的时刻,他尽力帮助她。他定期为意大利举办义演音乐会。比如说在1951年,在波河闹水灾之后,他用10天准备了一场晚会,获得巨大成功。他集聚了相当数量的钱,只要说说这个情况就够了:仅一个包厢就是200、300、500美元,而那时的美元要比现在值钱多了!"

所有我们在这里述说的一切，这些片断，这些见证和叙述，当然不能对托斯卡尼尼多方面的性格形成完整的印象。这只是一些五光十色的细节，它们从不同的方面揭示了指挥家的个性。

但即使不描述这些细节，而只看看他做了什么，做了多少，听听留给追随他的后代的录音，就会明白，他的性格和行为源于他深邃的、不可遏制的爱，这种爱从孩童时起一直到暮年，甚至到死都在燃烧，——这就是对音乐的挚爱。他愉快地迎接音乐，但幸福并非每天都落在他的头上，因为他所企望的完美，必须在长久的痛苦中，在和因循守旧的人们、和好斗的平庸的人们顽强的斗争中去争取。这些人没有燃烧着如他一样的热情。他的性格来源于这种热情：他非凡紧张的日子所表现出的不满足，爱发脾气，没有耐心，这就是鲜明的证明。实际上，当他严谨的心被人理解，达到了完美时，他的脸上会放出光彩，皱纹会抹平，烦恼会消失，由于意识到忠诚地、忘我地服务于音乐而显露出满足的表情……托斯卡尼尼的音乐将永存，因为它诞生于爱。

译 后 语

  呈现在读者面前的这本篇幅不大的书，是中国音乐学院声乐系教师赵云红介绍给我的，她曾就读于莫斯科音乐学院，在她毕业时，她的指导老师把这本书送给了她。在书的扉页上，她的老师题写的是："愿这本书有助于你达到完美，你要永远这样追求，正如托斯卡尼尼大师所追求的那样。"

  书的作者朱塞佩·瓦尔登戈是一位意大利男中音歌唱家，中国读者对他可能不很熟悉，他的声名也不那么显赫，但他却是一位值得尊敬的有心人，在他有幸被托斯卡尼尼不拘选中演唱他所指导的歌剧后，他在托斯卡尼尼的指导下演唱了三部威尔第的歌剧。他把托斯卡尼尼大师在排练中所提出的意见和建议都认真地做了详细的记录，并在1962年把它整理成册出版，为后人留下了一份珍贵的财富。

  托斯卡尼尼是一位蜚声世界的指挥家，是一位极富传奇色彩的人物。他本是歌剧院乐队里的一位普普通通的大提琴手，但在他19岁时因一次偶然的机遇站在了指挥台上，从此踏上了历经70年漫长而辉煌的指挥家生涯。

  托斯卡尼尼在艺术上追求极致、完美，他精心、严格地研究他所演示的每一部作品。他认为演奏家的责任就是忠实地表达作曲家的构思。因此他要求一丝不苟地使表演发挥到极致，在演员和演奏员达不到要求时，他会冲动发怒，口出秽语，甚至暴跳如雷，但演员和演奏员理解他，仍然爱戴他，敬重他。

  托斯卡尼尼在政治上旗帜鲜明，他反对墨索里尼的独裁，即使冒着生命的威胁也不向纳粹法西斯妥协。72岁高龄被迫离开祖国去到美国后，他仍然以各种方式支援反法西斯战争，援助反法西斯人士。虽然他在美国受到极大的尊重，他却始终保留意大利国籍，是一位真正的爱国主义者。

瓦尔登戈满怀崇敬和爱戴之情不仅记叙了大师在艺术上的真知灼见，也回忆了他个人和大师私交中大师对他在各方面的教诲。相信所有这一切对读者都会有所启迪。

书中还附录了许多其他和托斯卡尼尼合作过的艺术家对大师的回忆，这里我还想将世界著名意大利男高音歌唱家朱塞佩·吉利在自己的回忆录中对托斯卡尼尼的评语介绍给读者。1918年他在托斯卡尼尼的指挥下在斯卡拉演唱了博依托的《梅菲斯托费勒斯》。

"托斯卡尼尼那时已是神话般的人物，即将到来的和他的会面使我十分激动，也使我害怕：要知道我将和这位天才工作。他以傲慢、严厉和激烈而名声远扬。我这样说不是出于奇谈怪论，而正是因为他是一位严格苛求的人，和他一起工作我感到轻松。比起至今我所知道的其他指挥家来，和这种阴沉着脸的人一起工作，我总是得到更多的满足。他总是全神贯注地对待每一场演出，也要求所有人如此。在排练时他从不知疲倦，他的智慧掌握着一切，甚至音乐作品中能勉强理解的细微之处。没有他不能解决的问题，也没有他会忽视的最微小的细节。他具有用神奇般的灵感充实没有表现力的总谱的能力，使最复杂的音乐语言变得清晰、明快。他顽强地、不留情面地和懒惰及不熟练进行斗争，但是当他看到某人做出某种真诚努力时，他总会立刻就表现出自己的关爱和同情。他鼓励才华，不论在哪里发现他们，他都会精心雕琢。演出时，他极其细心地使每位歌唱家都能得到自己的那一份掌声和观众的感激。"

陈复君
2004年10月
于北京中央音乐学院